LES AMOURS D'ISMENE, ET D'ISMENIAS.

PAR Mr. DE BEAUCHAMPS.

Avec Figures.

A AMSTERDAM,
Chez FRANÇOIS L'HONORÉ,

M. DCC. XXIX.

A
MADAME
L. C. D. F. B.

ADAME,

Vous serez obeïë. Je vas me mettre á l'ouvrage, j'y suis.

Ce

Ce n'est pas peu pour un homme dont vous connoissez la paresse: je la croyois à l'épreuve, & sans des ordres aussi absolus que les vôtres, je ne me serois pas trompé. Tenez-moi quelque compte du sacrifice que je vous fais, il ne me restoit à vous faire que celui-là. Souvenez-vous, s'il vous plaît, que vous ne m'avez point assujéti à la seche exactitude d'une traduction litterale; j'use de la liberté que vons m'avez donnée, je change, j'ajoute, je retranche, j'évite des fautes, j'en fais de nouvelles; vous gagnerez d'un côté, vous perdrez de l'autre. Les Sçavans s'en scandaliseront, ils ne manqueront pas, si par hazard ils se donnent la peine de me lire, de me faire

un

EPITRE.

un crime de leze - antiquité de
ne point trouver dans mes
Amours d'Ismene & d'Isme-
nias celles d'Eusthathe. Je serois plus circonspect, si j'écri-
vois pour être imprimé ; car
enfin, je n'ignore pas qu'il faut
ménager tout le monde ; mais
MADAME, je n'écris que pour
vous, & peu vous importe
des idées & des expressions
Grecques, pourvû que vous ne
trouviez les miennes ni bizar-
res, ni forcées. Je n'en suis gue-
re plus à mon aise, il faut vous
amuser & vous plaire, deux
choses peu faciles ; je n'entre-
prens ni l'une ni l'autre. Je vous
l'ai déja dit, je ne fais qu'o-
beir. Un Auteur ne peut s'ab-
stenir d'une Préface, celle-ci
sera courte, elle est finie. Songez

EPITRE.

au reste que c'est Ismenias qui va parler, dès que je vous aurai assurée que je suis avec beaucoup de respect,

MADAME,

Votre très-humble & très-obéissant servi-teur * * *

LES

P. 1.

LES AMOURS

D'ISMENE

ET D'ISMENIAS.

A ville d'Eurycome est située dans un pays charmant. La mer l'environne d'un côté; de l'autre, d'agréables prairies, arrosées de rivieres, plantées d'arbres, offrent aux regards tout ce que la nature a d'aimable dans sa simplicité. A l'abri des vens, les vaisseaux y trouvent en tout tems un port vaste & commode; attirées par la fidelité du commerce, les nations y abordent

A en

en foule. Les mœurs de ses habitans sont doucés ; ils sont l'e-
xemple & le modele de la Grece.
Plus religieux que les Athe-
niens mêmes, leur piété les rend
célébres & respectables. Le culte
des autels, le soin des sacrifices,
le choix des offrandes qu'ils des-
tinent aux Dieux ; voilà, pour
ainsi dire, leur unique occupa-
tion. Ce sont eux qui prescrivent
les jours sacrez, leurs cérémonies sont éclatantes & majes-
tueuses. Jupiter les protege,
tous les Dieux les cherissent.
Par une ancienne coutume, ou
plûtôt par une loi inviolable, ils
assemblent tous les ans dans le
Temple de Jupiter les jeunes
garçons de leur Ville, qui n'ont
point encore aimé ; on en choisit au sort parmi eux pour aller
annoncer le jour de sa fête aux
Vil-

Villes voisines. Il faut que, maîtres de leurs cœurs, ils reviennent indifferens, comme ils sont
partis. Si quelqu'un manque à
ce devoir essentiel de son emploi, un châtiment severe attend le prévaricateur à son retour. Je fus du nombre, & desti-
né pour Aulycome, ville célébre
de la Grece. Au sortir du Temple, couronné de laurier, revêtu
des habits de mon ministere, le
peuple me reçoit au bruit des
trompettes, & mêle à ses acclamations les vœux les plus tendres, les plus empressez. L'un
me felicite sur le choix du sort,
Ce sont les Dieux dit-il, qui l'ont
conduit. L'autre, les larmes aux
yeux, de ce qu'il n'est pas tombé
sur son fils, ne laisse pas de m'em-
brasser étroitement. Celui-ci,
sans interêt pour lui-même, me

A 2

sou-

souhaite , m'augure un voyage
heureux : celui-là , dans la vivacité de son zele, se livre, pour me
faire honneur , à tout ce que ce
zele lui suggere. La foule croît ;
je suis comme au milieu d'un
fleuve agité par les vens. La joye
est universelle ; un même esprit,
un même cœur en exprime les
transports.

   Je passe les évenemens de
mon voyage. J'arrive à Aulyco-
mé. J'y suis reçû, non comme
un Envoyé des Dieux , mais
comme un Dieu même. Une
multitude de peuple m'environne. La curiosité l'emporte sur le
respect, j'en suis accablé. Les
ruës sont parsemées de mirthes;
l'air exhale l'odeur délicieuse des
parfums les plus exquis. Les filles & les garçons , couronnez de
roses , parez des fleurs les plus
bril-

brillantes, ne cedent qu'à peine la place aux citoyens les plus illustres, qui s'empressent autour de moi. Tel Socrate étoit au milieu de ses Disciples. Qui de nous, disoient-ils, aura le bonheur de le recevoir chez lui ? A qui donnera-t-il la préférence ? Je fus l'objet des vœux de tous, pour moi même, j'ose le dire, & l'Ambassadeur parut dans ce moment ne rien devoir à la majesté de son ambassade. Dangereux honneurs ! que de larmes, que d'amertume vous ont suivis !

Sosthene l'emporta sur ses concurrens, Je monte sur son char. J'entre dans un Palais superbe, dont je me trouve le maître ; j'en parcours les appartemens. Je passe dans le Jardin, vrai séjour de délices & de prodiges. Les fruits y disputent d'é-

clat

clat avec les fleurs. La pourpre des violettes cede à celle des raisins: la vigne, surchargée de son poids, confond les unes avec les autres, l'œil s'y trompe. Ici, les mirthes s'entrelaçant aux cyprez, forment un azile impénétrable au Soleil. Là, je voi des roses qu'un bouton naissant renferme encore, j'en voi qui s'épanouïssent, le Zephir folâtre voltige autour d'elles, ses soupirs semblent les embellir. Plus loin les hyacinthes, les lys & les amaranthes imitent le mélange & la vivacité des couleurs dont se pare la Messagere des Dieux, lorsqu'elle vient nous apprendre leurs volontez. Là se trouve en abondance tout ce que peuvent produire l'industrie & le travail assidu d'un Jardinier attentif à plaire à son maître. La nature com-

complaisante y concilie toutes
les Saisons. Flore & Pomone y
sont dans tous leurs charmes,
dans toute leur gloire.

L'œil étonné parmi tant de prodiges,
Craint du sommeil les effets seducteurs.
Sont-ils réels ces objets si flateurs ?
Ne sont-ce point d'agréables prestiges ?

Surpris, enchanté, je crois être
dans les jardins d'Alcinoüs, &
tout ce que les Poëtes ont dit de
l'Elisée ne me paroît plus un ouvrage de leur imagination. Insensiblement je me trouve auprès d'une fontaine; il me fut
aisé de l'admirer, il ne me le sera
pas de la décrire.

D'une grotte rustique, où l'art
n'a osé rien prêter à la nature,
sort une eau transparente, dont le
cristal liquide se précipite dans
un canal revêtu de pierres sim-
A 4 ples,

ples, & fuyant à travers un ga-
son fleuri dans un autre plus spacieux, va grossir une riviere, qui
s'étendant de droite & de gauche à perte de vûë, termine ce
réduit charmant. Le sommet de
la grotte est ombragé d'arbustes
toûjours verds; jamais aucun
mortel n'y a porté sa main pro-
fane. L'un & l'autre canal est bor-
dé d'arbres épais, dont les feüilles réunies entretiennent une
fraicheur éternelle. La douce
Réverie, le Sommeil plus doux
encore habitent dans cette ré-
traite. Un vieillard vénérable, le
Nestor de son siecle, l'air serein,
l'œil encore plein de feu, y mé-
ditoit sur le néant des choses
humaines, sur la grandeur des
Dieux. Saisi de respect à sa vûë,
je m'arrête de peur de l'interrompre. J'adore la Divinité de
ce

ce paisible séjour. Belle Nayade, lui disois-je, puisse votre eau toûjours pure, toûjours délicieuse, faire le plaisir de ceux qui viendront la voir, & s'y désalterer. Puissai-je, moi même apprendre auprès de vous que la plus brillante jeunesse s'écoule comme votre onde.

Softhene m'avertit qu'il étoit tems de quitter mes habits de cérémonie, & d'aller nous mettre à table; je le suivis à regret. Panthia sa femme, Ismene sa fille, vinrent au devant de moi. Après nous être rendu les devoirs qu'exige l'hospitalité, nous entrâmes dans la sale du festin; il étoit digne de la magnificence du maître. On me força de prendre la premiere place, à la seconde étoit Cratifthene qui m'avoit accompagné, Cratifthene,

 le

le plus cher de mes amis, ou
plûtôt un autre Ismenias. En suite étoient un Prêtre de Jupiter,
Sosthene, & Panthia. Pour Ismene, elle étoit de bout; son
pere l'avoit chargée de verser le
vin. Telle, Hebé dans le Ciel,
verse le Nectar aux Dieux. D'a-
bord la conversation fut sérieu-
se; mes Hôtes me loüerent, me
flaterent; je me deffendais modestement; mais j'avois l'air con-
traint. Sosthene s'en apperçut,
il eut pitié de mon embarras; on
changea de discours; l'innocente
gayeté s'empara de nos esprits.
Ismene, une coupe d'or à la
main, s'approche de moi, me la
présente, je rougis, je baisse les
yeux, je n'ose la prendre. Ismenias, me dit Sosthene, c'est à
vous à commencer. Confus de
recevoir à mon âge tant de marques

ques de diſtinction , j'obéis. Je bus la ſanté de Jupiter. Tous la burent à mon exemple.

A peine avois-je encore regardé Iſmene. Grave Miniſtre des Dieux , je n'étois occupé qu'à ſoutenir ma dignité. Un regard échapé de mes yeux rencontra les ſiens , une douce ſurpriſe , mêlée d'admiration , me couvrit d'une rougeur modeſte, j'attachois ma vûë ſur elle , je ne pouvois l'en arracher. Ce n'étoit pourtant qu'un ſimple hommage , ou plûtôt qu'un hommage involontaire que je rendois à ſa beauté ; mon cœur n'y avoit point de part, il étoit encore ſans mouvement. Auſſi troublée que moi , Iſmene me preſenta du vin une ſeconde fois. Ma main toucha la ſienne, par un tranſport dont je ne fus pas maître , je la lui ſerrai, je recûs lentement la coupe ; mais il me ſembla qu'elle fut plus lente encore à me la donner. Dieux ! que devinſmes-nous dans ce moment ? Je l'igno-re. Comment exprimer ce qu'on ne connoît pas ? Nous fûmes remarquez. Panthia jetta ſur elle un regard ſévére, elle en trembla. Par un regard plus ſévére encore Soſthene acheva de la déconcerter. J'étois ſi hors de moi, que je ne m'en appercevois pas. Cratiſthene me pouſſa. Tout d'un coup, tel qu'un homme qui s'éveile au bord d'un précipice, je ſentis mon imprudence ; mais jen'eus pas la force de m'en repentir. On fut quelque tems ſans parler. Cratiſthene craignoit pour moi, je craignois pour Iſmene, elle craignoit pour elle-même. Enfin Soſthene revenu

venu de son agitation, s'adresse
à moi, Ismenias, me dit-il, pourquoi dans un jour consacré à la
joye, nous laissons-nous aller à
la tristesse ? Est-ce ainsi que nous
honorons Jupiter ? Est ce ainsi
que nous nous disposons à célébrer sa fête ? Montrez-nous que
vous êtes sensible au plaisir que
vous nous faites. A ces paroles
le trouble se dissipe, je voi la
sérénité renaître sur le visage
d'Ismene, je reprens la mienne.
Elle me donne encore la coupe
à diverses reprises ; je parois la
recevoir sans empressement, &
je la rends avec la circonspection
d'un homme qui commence à
réfléchir, d'un homme qui soup-
çonne qu'on l'examine. Après
quelques discours enjoüez, je
prens une lyre, je chante la gloire du Souverain des Dieux, la

A 7   naissance

naiſſance de Minerve, la deffaite
des Titans, Lycaon puni, Phi-
lemon récompenſé. Je le repre-
ſente aſſis ſur ſon trône au milieu des Immortels, faiſant trem-
bler d'un clin d'œil le Ciel & la
Terre, & de ce même clin d'œil
raffermiſſant l'Univers ébranlé.

Les applaudiſſemens m'inter-
rompirent. Il étoit tard. On ſe
leve. Conduit dans l'apparte-
ment qui m'étoit deſtiné, je
vois entrer Iſmene, trois Eſclaves la ſuivent ; leur beauté ne
cede qu'à celle de leur maîtreſſe.
L'une porte ſur la tête un vaſe
d'or plein d'eau de ſenteur ; l'autre un grand baſſin de même mé-
tal ciſelé par le divin Alcime-
don, ſur lequel ſont étendus des
linges pliez avec art ; la troiſié-
me porte dans un vaſe d'albâtre
des parfums les plus précieux de
l'Arabie.

l'Arabie. Je fus obligé de permettre qu'on me rendît un honneur dû à mon emploi, elles me laverent les pieds. La Religion justifie ce qu'elle ordonne, Ismene elle-même, Ismene les essuya. Que les Dieux ne s'en offencent pas, dans ce moment je crus être Apollon dans le bain au milieu des Heures. Cette cérémonie achevée, Ismene me dit avec un sourire enchanteur, Envoyé de Jupiter, puisse ce Dieu bienfaisant vous procurer une nuit tranquile. Je voulus lui répondre, elle étoit sortie. Je me mets au lit, bientôt Morphée répand ses pavots sur mes paupieres appesanties, un sommeil leger & paisible me retrace les avantures du jour. Je les voi toutes par ordre se succeder les unes aux autres, ou plûtôt je ne voi

voi qu'Ismene. Son embaras,
sa rougeur, ses graces se peignent à mon imagination plus
vivement qu'ils ne s'étoient
peints à mes yeux; ce n'est point
un songe, c'est une réalité. Je lui
parle, je l'écoute avec un plaisir,
avec un interêt qui me surprend,
mais qui me flate; je m'en demande la raison, je ne la trouve
point, je cesse de la chercher, &
sans sçavoir précisément à quoy
je me livre, je m'abandonne
tout entier à des mouvemens,
qui me séduisent, qui m'occupent, que mon cœur adopte,
qui lui deviennent naturels,
qui lui deviennent nécessaires.

Cependant la nuit terminoit
sa carriere, l'Aurore, dissipant
ses ombres, annonçoit à la nature le retour du Dieu qui la vivifie. Cratisthene entre dans ma
chambre.

chambre. Il m'éveille. Ami, lui dis-je, pourquoi venez-vous troubler les plus doux momens de ma vie? Vous même, reprit-il, en ouvrant mes fenêtres, & me montrant qu'il étoit grand jour, vous-même Ismenias, pouvez-vous dormir encore. La paresse sied-elle à un Envoyé des Dieux? Ils me la pardonneront, lui répondis-je avec transport, ils ne nous font point un crime de leurs faveurs. Alors je lui conte tout ce qui m'étoit arrivé, je lui parle de ce qu'Ismene a fait pour moi, je lui en parle, sans en connoître le prix, sans en marquer à peine de la reconnoissance. Ma froideur lui parut affectée, il m'en fit des reproches, cependant je ne lui cachois rien; mon amitié devoit lui répondre de ma franchise.

Sur-

Surpris de me trouver si simple,
il sourit, & m'expliquant ce sourire, Ismene, continua-t-il, Ismene vous aime. Bonheur im-
parfait ! Je voi que vous ne l'aimez pas. Qu'est-ce qu'aimer,
repliquai-je d'un air ingénu?
Vous le sçaurez un jour, peut-
être ce jour n'est-il pas loin. Qui
me l'apprendra ? Celui qui l'apprend aux hommes, aux animaux, à tout ce qui respire, le
plus grand des Dieux, l'Amour,
leur maître & le vôtre. Et ce
Dieu, qui me le fera connoître ?
Votre cœur, Ismene.

Son pere vint à propos finir
un entretien qui commençoit
à me gêner, j'eus honte qu'il
m'eût prévenu; sa visite fut
courte, il emmena Cratisthene, pour me donner le tems
de m'habiller. J'appellai mes

Es-

Esclaves, & bientôt je fus en
état de joindre la compagnie,
elle étoit nombreuse, j'eus à répondre à des complimens; on
trouva que je m'en acquitai avec
quelque grace. Ismene n'y étoit
pas, j'aurois voulu la voir. Cependant son absence me donnoit une liberté d'esprit que je
n'aurois pas eüe auprès d'elle.

Ce jour n'eut rien de fort re-
marquable, les événemens en furent presque les mêmes que ceux
de la veille. Les visites finies,
nous allâmes voir la partie supé-
rieure du Jardin, que nous n'a-
vions point vûë. Les beautez en
font differentes. L'art n'y a tra-
vaillé que pour le plaisir des yeux.
Nous entrâmes sur une vaste
Terrasse. A droite, élevez sur
des pieds-d'estaux de marbre
blanc, paroissent huit Groupes
de

de bronze, ouvrage de Vulcain, ou de ses Eleves les plus cheris; à gauche, regne une balustrade de marbre de Paros. La vûë, s'étendant sur des côteaux éloignez, se promene agréablement dans une plaine fertile; Cerés, surpassant les vœux de l'avide Laboureur, y étale tous ses trésors; les épis dorez tombent sous la faux, la terre en est couverte. Etonné de sa richesse, le maître de tant de biens en rend graces à la Déesse. Un essain nombreux d'indigens trouvent dans ce qu'il leur abandonne de quoi soulager leur misere. Là des Esclaves, brûlez par le Soleil, composent une montagne de gerbes entassées; ici les bœufs gémissent sous le poids de celles qu'ils emportent.

Pendant que je m'occupe de ce

ce spectacle, Cratisthene confidere les Statuës : je ne leur avois donné qu'une admiration passagere ; simple alors, je n'étois touché que des objets, qui de mes yeux alloient d'eux mêmes à mon cœur. Pour lui, qui avoit parcouru toute la Grece, qui s'étoit formé le gout parmi les merveilles d'Athenes, de Delphes & d'Ephese, il ne pouvoit se lasser de les loüer. Ismenias, me dit il, voyez vous cet Hercule ? Quelle force! quelle expression! quelle vérité dans cette attitude! L'air tranquile, la démarche assurée, son bras seul pourroit soutenir cette énorme massuë dont il semble se joüer. Le Lyon, l'œil ardent, la criniere hérissée, s'est acharné sur lui, sa gueule s'est remplie de sang, ses griffes meurtrieres en ont

fait

fait couler de tout le corps du
Heros. Fils d'Alcmene, re-
doublez vos efforts, vous ne ferez fils de Jupiter qu'après votre
victoire. Un coup terrible a ter-
miné ce combat, le furieux ani-
mal, la tête écrasée, est tombé
à vos pieds, vous êtes vainqueur.

Voici, continua-t-il, un objet plus riant. Venus reçoit la
pomme des mains de Paris.
Croyez-vous, en la regardant,
qu'on ait pû lui disputer le prix
de la beauté ? La joye brille
dans ses yeux, elle n'augmente
point ses charmes; mais elle les
met dans tout leur jour. Ces
Amours, qui badinent avec sa
ceinture, applaudissent à son
triomphe, & leurs ris malins in-
sultent à la confusion de ses Ri-
vales. Paris, moins flaté du bonheur qui l'attend, qu'ébloüi de ce
qu'il

qu'il voit, semble remercier la Déesse du present qu'il lui fait.

Quelle est celle-ci ? Son air majestueux & terrible inspire le respect & la crainte. C'est Minerve qui punit l'orgueil d'Arachné. Ce n'est plus cette audacieuse mortelle, qui avoit osé la deffier, c'est une fille timide, l'épouvante peinte sur le visage, qui fait de vains efforts pour s'arracher à la main divine qui la terrasse. Examinez sa robe, qu'elle même avoit brodée. Quelle élégance de dessein ! Quelle finesse de travail ! Ne diriez-vous pas qu'elle vole au gré des Zephirs ? Je ne condamne pas la vengeance de la Déesse, mais je plains le fort de sa Rivale.

Ce Dieu s'annonce de lui-même, boiteux, contrefait, les cheveux courts, la barbe épaisse,

il

il excite les Cyclopes, qui for-
gent la foudre, leurs marteaux
inégalement levez font prêts à
tomber en cadence fur l'enclu-
me. Que regarde-t-il avec une
attention mêlée de plaifir? Ce
font ces retz induftrieux, qui doivent enveloper Mars & Venus,
& les donner en fpectacle à l'O-
limpe affemblé. Ils échapent
aux regards, on peut mieux les
fentir que les voir.

La Déeffe eft ici dans une fi-
tuation plus douloureufe encore. Un horrible Sanglier vient
de déchirer Adonis, Adonis le
plaifir de fes yeux, les déliees de
fon cœur. Sanglant, défiguré,
la tête panchée fur fes genoux,
elle reçoit fes derniers foupirs,
fa douleur ne peut être, ni plus
vive, ni plus vivement exprimée, ne paffe-t-elle point en
vous

vous ? Malheureuse Déesse! Tu ne peux ni lui rendre la vie, ni mourir avec lui.

Ainsi Cratisthene m'expliquoit ces chefs-d'œuvres de l'art, ainsi il alloit m'expliquer les autres, lorsque, ne pouvant résister à ma curiosité, j'entre précipitament dans un salon que je trouve devant moi. L'architecture exterieure m'avoit frappé par ce je ne sçai quoi, que le grand imprime dans ceux qui le regardent. Les ornemens les plus rares, les plus recherchez, placez l'un pour l'autre, s'y prêtent mutuellement du relief. Quatre grandes croisées s'ouvrent sur les quatre parties du monde. Le Plafond attire des regards par un Ciel peint si naturellement, que je crus qu'il étoit à jour. Les oiseaux

B

volent

volent, l'air s'agite. Quelques
nuages, répandus au hasard, s'é-
clairent des rayons du Soleil. Il
s'avance à pas de geant, il est au
milieu de sa carriere. Quatre tableaux remplissent l'espace qui
se trouve entre les fenêtres. Sous
le premier est écrit dans un cartouche le nom d'Apelle, sous le
second celui de Zeüxis, sous le
troisieme celui de Protogene.
Soit que le Peintre n'eût osé
mettre le sien, soit qu'il eût voulu laisser aux connoisseurs le mérite de le deviner, le quatriéme
cartouche étoit vuide. Je les
parcours des yeux, je les examine avec attention, je cherche à pénétrer le sens mistericux
des Emblêmes, qui en font le
sujet. Immobile, enseveli dans
la réverie la plus profonde, mes
idées se dévelopent, & se re-
broüil-

broüillent, ce que je croi voir,
n'eſt point ce que je vois en effet.
Tel un homme, dans les ténébres epaiſſes de la nuit, apperçoit de loin une foible lumiere,
qui le guide un moment, elle
s'évanoüit, l'obſcurité redouble,
il ne ſçait plus où il eſt.

Sçavez-vous, me dit Cratiſthene, en me tirant par le bras,
ſçavez-vous que tout ceci n'eſt
point fait pour vous ? Ces pein-
tures pouroient donner atteinte
à cette indifférence, qui paroît
vous être ſi chere. Je ne veux
donc plus les voir, lui répondis-je, en ſortant avec précipi-
tation. J'en avois pourtant aſſez
vû, pour ne pouvoir douter
qu'elles ne fuſſent faites à la
gloire de l'Amour. Des feux,
des carquois, des fléches, des
chaînes, tous ſes autres attributs,

des

des Esclaves de tout âge, de tout caractere, de toute nation, couronnez de roses, jettent des regards passionnez sur de jeunes filles, négligemment parées, elles fuyent devant eux, mais elles se laissent voir avant de se cacher. O Venus! que ces dangereux objets sont dignes de ton fils! Tout respire la molesse, tout invite au plaisir. Plus pernicieux que les gasons, les arbres rendent son triomphe plus séduisant. Heureux Oiseaux! il ne vous en coute rien pour vous livrer à ses feux, le plaisir en est la récompense: il nous en coute à nous, le repos, la raison; & ce plaisir flateur, qui vous enchante, où le trouvons nous?

Cratisthene, qui, mieux que moi-même, lisoit alors dans mon cœur, me dit: Ce Dieu

contre lequel vous vous deffen-
dez, se rit de votre résistance,
ou plûtôt vous ne lui en faites
plus. Votre deffaite est certaine;
mais sçavez-vous ce qui vous
arrivera? Vous sentirez sa puissance, sans éprouver ses plaisirs;
c'est la punition des indociles, il
ne travaille à notre bonheur
qu'autant que nous travaillons
de bonne grace à sa gloire. Eh,
repartis-je, au nom des Dieux,
au nom de Jupiter, sous les auspices duquel nous sommes venus ici, cessez un discours qui
m'afflige. Je le veux, reprit-il,
parlons d'autres choses. Vous
ressemblez à ces malades qu'une
fiévre intérieure dévore, ils pa-
lissent, ils frissonnent, tout le
monde s'apperçoit de leur état,
eux seuls croyent affoiblir, dissiper le mal, en se le dissimulant.

B 3

Je

Je ne voulus pas me reconnoître à ce portait, cependant il étoit d'après nature.

Nous changeâmes d'entretien, ce que nous venions de voir, nous en fournit une ample matiere. Est il possible, lui dis-je, qu'un homme passe ainsi de la plus grande simplicité au luxe le plus excessif? Un lieu seul peut-il renfermer tant de choses opposées? Tels sont les hommes, me répondit-il, les extremitez se touchent dans leur cœur. On s'étonne qu'ils ne s'accordent point entre eux, on ne songe pas qu'ils ne s'accordent presque jamais avec eux-mêmes; émus, entraînez par les objets présens, c'est toûjours le dernier qui leur paroît le meilleur, c'est du moins celui qui les détermine. A-t-il du rapport

avec

avec celui qui l'a précedé ? N'en
a-t-il pas ? Cette discussion leur
couteroit trop, ils se l'épargnent,
ils ne reviennent jamais sur eux-
mêmes. Ils ne s'apperçoivent
point de la variété de leur conduite, ils se persuadent même
que les autres ne la remarquent
pas. Sans cette idée, sans cette
resource de l'amour propre, il
faudroit qu'ils fussent toûjours,
ou réellement raisonnables, ou
qu'ils se trouvassent toujours ex-
travagans, voyez où cela mène.
Ne cherchons point à les guérir
d'une erreur qui les rend heureux, la vérité les rendroit ridi-
cules. Grace aux Dieux, repris-
je, cela ne nous regarde pas,
vous êtes sage, & j'ai envie de
l'être. Votre exemple, vos conseils m'aideront à le devenir. O
mon cher Cratisthene, que votre
B 4 amitié

amitié m'eft précieufe! Qu'elle
m'eft néceffaire! Sans elle je ne
ferois que des fautes; & dans le
caractere dont je fuis revêtu, je
ne pourois en faire que de grandes. Déformais il ne me fera plus
permis d'être ignoré, les yeux de
mes Compatriotes feront ou-
verts fur ma conduite; fi elle ne
répond pas à leur attente, fi même elle ne va pas au-delà, plus ils
m'ont honnoré, plus ils me mé-
priferont; tous les chemins de la
fortune me feront fermez. Op-
probre d'une illuftre famille, il
faudra que je m'exile, ou que je
fois pour elle un objet éternel
d'humiliation. Sainte amitié!
vous me préferverez d'un état fi
funefte, vous augmenterez dans
mon cœur l'attrait que vous y
avez mis pour la vertu; elle eft
votre compagne fidelle, elle aime

me ceux que vous aimez. Ah, Cratifthene, que ne puis je vous faire fentir ce que je fens moi-même! Divinité favorable! éclairez mon efprit, afin que je vous rende un tribut de louanges digne de vous. Quelle ardeur inconnuë me prête des expreffions? C'eft elle qui m'infpire. Mortels, écoutez-moi. Fille du Ciel, vous êtes le prefent le plus doux que les Dieux da s leur amour ayent fait aux hommes. Vous prévenez leurs defirs, vous allez à eux de vous-même. Vous vous donnez gratuitement aux cœurs que vous avez préparez à vous recevoir.... Les profanes ne la connoiffent point, ce qu'ils appellent amitié, n'en eft qu'un vain fantôme. Les liens qui les attachent n'ont rien de pur, rien d'innocent; le

B 5   befoin.

beſoin qu'ils ont les uns des autres, fait la baze de leur union.
Les offres les plus empreſſées,
les proteſtations les plus tendres
ne ſe rapportent qu'à ceux qui les
font ; ils donnent par amour propre, ils reçoivent par cupidité ;
la reconnoiſſance qu'excitent en
eux les bienfaits, n'eſt qu'un ſen-
timent intereſſé, qui ne ſubſiſte
qu'autant que l'eſpoir le ſou-
tient ; ce ne ſont point les graces
reçûës, qui les touchent, ce ſont
celles qu'ils attendent; leur man-
quent-elles, ils s'échapent, ils
diſparoiſſent. On ſe plaint de
l'ingratitude de ſes amis, on
abuſe des termes, les ingrats
n'ont jamais aimé. Quelle difference de ce qui ſe paſſe entre
nous ! Mêmes gouts, mêmes de-
ſirs, même volonté, la joye &
la peine, tout nous eſt commun ;
vous

vous ne respirez, vous n'êtes
heureux qu'en moi, je ne respire, je ne suis heureux qu'en
vous, votre ame est la mienne,
la mienne est la vôtre. Douce
communication ! Transports
délicieux ! vous n'êtes point du
ressort de l'esprit ! Vous êtes le
partage du cœur, seul il vous
possede, seul il peut vous faire
connoître.

Cratisthene m'interrompit de
la sorte, en riant. Vous comptez
peut-être que je doi vous remercier des chosesflateusesque vous
venez de me dire, non, mon
cher Ismenias, je ne vous en re-
mercierai pas : Ismene en seroit
jalouse, ce soin la regarde seule.
Ce que vous vous imaginez sentir pour moi, c'est pour elle que
vous le sentez. Vous vous êtes
fait illusion, vous avez cru loüer

B 6

l'amitié

l'amitié, la dépeindre, vous
n'avez loüé, vous n'avez dé-
peint que l'amour, on n'en parle
pas si bien sans le sentir. Ma
prédiction est accomplie, vous
aimez ; cessez de vous obstiner
à feindre, vous brûlez. Eh quoi,
lui dis-je en soupirant, voulez-
vous me désesperer par vos plai-
santeries ? Je n'aime point, je
ne veux poit aimer. Loin de
fournir à ce Dieu cruel des armes contre moi, vous devriez
m'aider à me deffendre contre
lui. Moi, reprit-il, que je m'op-
pose aux Dieux ! Ils m'en puni-
roient, vous-même, vous m'en
sçauriez mauvais gré. Jupiter,
m'écriai-je, tout m'abandonne,
c'est à vous à me proteger ? allons, continuai-je, allons au
Temple achever les fonctions
de mon Ministere, & si la fuite
seule

feule peut m'arracher au péril
qui me menace, fuyons d'un
lieu funeste à mon innocence:
oüi, Cratisthene, je fuis prêt à
retourner à Eurycome, si vous
croyez que les charmes d'Ismene foient capables de m'arrêter,
empêchez-moi de la revoir; si
malgré moi je refuse de vous
fuivre, entraînez-moi, faites-
moi violence. Je l'embraffois,
en parlant de la forte, mes larmes beignoient son vifage, je
pouffois des foupirs, je gémif-
fois, mon cœur étoit ferré, je
ne refpirois plus. Pour comble
de douleur il fallut me contraindre dans un état si violent. Softhene nous cherchoit, nous l'ap-
perçûmes, il nous joignit; Cratisthene l'entretînt, pour me
donner le tems de me remettre
de mon trouble, ou d'en laiffer

B 7   moins

moins paroître au dehors. Soit qu'il fût occupé d'autres choses, soit que j'eusse fait un effort sur moi-même, il me sembla qu'il ne remarquoit point mon embaras. On avoit servi. J'entre, fermement résolu de ne point regarder Ismene. Je ne sçai quel Dieu me fortifioit; mais je me trouvai dans un calme dont je m'applaudissois, je ne sçai même, si dans ma fausse sécurité, je n'allai point jusqu'à deffier l'Amour. Le souper étoit encore plus magnifique que le précedent. Il étoit aisé de voir par la délicatesse & la rareté des mets, que Sosthene avoit été surpris la veille. J'eus le loisir d'en examiner l'ordonnance, Ismene n'y étoit pas. Je desirois moins vivement de la voir, je m'accoutumois à son absence, j'étois
tranqui-

tranquile, du moins je croyois
l'être. Jupiter, disois-je tout
bas, je vous rends graces, c'est
vous, qui faites en moi un chan-
gement si prompt, si heureux.
Helas ! Jupiter lui-même se
joüoit de ma foiblesse.

Deux heures s'étoient écou-
lées, sans émotion sensible,
sans inquiétude apparente de ma
part. Déjà je me flatois que le
danger étoit passé. Le festin fi-
nissoit, on alloit se lever de table, instant fatal! Ismene, à la
tête des plus belles filles d'Aulycome, entre d'un air modes-
té; à cette vûë, on se récrie,
les regards de l'assemblée se partagent entre tant d'objets ra-
vissans, ils ne sçavent auquel
s'arrêter. Les miens furent bientôt déterminez. Ismene, vous
les eûtes tous. Mon ame passa
toute

toute entiere dans mes yeux.
Au son de sa lyre, ses Compagnes se mêlent, se séparent,
tout ce que l'art de la dance,
tout ce que les graces naturel-
les peuvent produire; condui-
tes, animées par Ismene, elles
l'executent. Cependant Sosthene ordonne à sa fille de chanter.
On fait silence. Dieux! quel son
de voix! Quelle douceur! Quelle étenduë! Quel gout! Quelle
ame! Est-ce Philomele? Sont-ce
les Syrenes qui chantent? Non,
c'est Ismene. J'étois saisi, hors
de moi-même. Cratisthene ne
le remarqua que trop. Voulez-
vous, me dit-il à l'oreille,
voulez-vous encore partir pour
Eurycome? A peine l'entendis-
je. Plaisir enchanteur, que vous
me coutâtes cher!

Tout le monde étoit retiré.

Le

Le Ciel étoit serein, un calme profond regnoit dans toute
la nature, seul j'étois agité.
J'appelle en vain le repos, il fuit
loin de moi. Mon trouble s'augmente par tout ce que je fais
pour le dissiper, il est extrême,
il ne peut plus croître, j'en suis
accablé, & je ne le sens pas
moins vivement. Insensé que je
suis! je veux encore m'en dé-
guiser la cause. Je me leve, je
marche à grands pas, je m'arrête,
je me rejette sur mon lit, j'en sors
comme d'un bucher embrasé.
Tel un Chevreüil, qu'une Nymphe de Diane a blessé dans les
forêts du Cynthe, fait des vains
efforts, pour arracher le trait qui
le déchire; il remplit l'air de ses
cris, il erre au gré de sa douleur, il la porte par tout, rien
ne la soulage.

J'é-

J'étois dans cet état funeste, lorsqu'au milieu de la nuit une lumiere éclatante frappe mes yeux, j'entends un bruit terrible, semblable à celui du tonnere. Assis sur un char pompeux, l'Amour s'offre à moi dans toute sa gloire Une foule de sujets l'environne. Ismenias, me crient-ils, reconnois le Souverain de la Nature, prosterne-toi devant lui, & l'adore. Je me jette à ses pieds, sans sçavoir ce que je fais. L'Amour, un arc à la main, l'œil menaçant, le visage enflamé de colere, rebute mon hommage forcé. C'est donc toi, mortel audacieux, qui t'opposes à ma puissance? Seul, tu prétens m'échaper. Ce Dieu, dont tu te dis le Ministre, ce Dieu ne me résiste pas. Meurs, téméraire, je ne veux plus d'un

cœur

cœur que tu m'as refusé, je veux ton sang. Tel qu'une victime, qu'un Prêtre va égorger, j'attendois le coup mortel. Le bras levé, l'arc tendu, le trait fatal étoit prêt à partir, sa vengeance alloit être remplie. Tout à coup s'élévent mille voix confuses d'admiration; l'Amour s'arrête, & regarde; un silence respectueux s'empare de tous ceux qui composent sa suite. Je tourne la tête. J'apperçois Ismene, une couronne de roses sur le front, une guirlande de fleurs à la main; elle s'avance d'un air timide, mais dont les Graces régloient tous les mouvemens. Prosternée aux pieds du Dieu, elle embrasse ses genoux, elle les arrose de ses larmes, elle n'ose parler, elle n'en a pas la force. L'Amour entendit ce silence
élo-

éloquent. Quoi, Ifmene, s'écria-
t-il, en la relevant, vous vous
intereffez, vous pleurez pour
un ingrat, qui brave mon pouvoir & vos charmes! Laiffez-
moi le punir, votre gloire & la
mienne demande fa mort. Souverain des Dieux, lui dit-elle,
d'une voix modefte, Ifmenias
ne vous réfifte plus, il eft votre
efclave, il foupire, il aime. O
Ifmene! vous lifiez dans mon
cœur. Alors elle me tend fa couronne de rofes, je la reçoi de
fes mains, je l'ajufte moi-même
fur ma tête. L'Amour s'appaife;
on applaudit à fa victoire. Tout
difparoît.

Surpris & charmé de mon
avanture, je ne fçai fi je doi me
plaindre, ou me feliciter. Plus
d'incertitude fur mon état, je
connoi ma paffion, j'en connoi

noi l'objet; je me remplis d'idées agréables, mon imagination m'emporte; je vole sur les aîles de l'esperance. Flateuses chimeres, où fuyez-vous? Pourquoi me laissez-vous à moi-même? Les mouvemens les plus impetueux m'agitent, je brûle d'un feu dont l'ardeur me pénétre. Où vont mes desirs? Ismene, venez partager mes transports, cédez à mon impatiénce; vous m'aimez donc, oüy vous m'aimez, je lis mon bonheur dans vos yeux, les miens vous montrent mon ame toute entiere. Qui peut vous arrêter? Quels monstres se présentent sur mon passage? Leur froid poison me glace. Cruelle vicissitude, je ne puis plus vous supporter.

Eveillé par mes cris, par mes sanglots, Cratisthene entre dans ma ma chambre. Ami, lui dis-je, en soupirant, l'Amour s'est vengé, il vient d'épuiser sur mon cœur toutes les flêches de son carquois, tous les feux de son flambeau, j'aime, qu'est-il besoin de vous l'apprendre? Ces roses vous le disent assez, & mon trouble vous le dit encore mieux; j'aime, continuai-je, d'une voix entrecoupée. O Jupiter! O Venus! O Ismene!

Cratisthene repond à mes plaintes par un long éclat de rire. Je craignois, me dit-il, toute autre chose, calmez-vous, & tâchez de dormir. A ces mots il veut me quitter, je le retiens, je lui fais un récit exact de la colere de l'Amour, de ses menaces, de son triomphe. Ismene, poursuivis-je, Ismene m'a sauvé la vie, que ne lui doi-je point?

Is-

Ismene m'a rendu tendre, sensible, elle sera toûjours l'objet de ma tendresse, & de ma sensibilité? l'Amour n'a plus de traits, il ne peut me blesser pour un autre. Enfin, reprit Cratisthene, vous voilà au point où je vous desirois, vous aimez, & votre passion vous est chere, vous en êtes occupé, vous ne parlez que d'elle; je vous écouterai demain, le sommeil m'accable, adieu... Il sort. Je me retrouve seul, je me replonge dans mes réveries. Insensiblement le calme succede à mon agitation; une douce fraîcheur s'écoule dans mes sens, je m'endors. Amour, le sommeil respecte tes droits, les songes obéissans prennent toutes les formes que tu veux leur donner, ils se réalisent dans l'imagination de

ceux

ceux à qui tu les envoys. C'est vous, belle Ismene, vous baïssez les yeux, vous vous taïsez, que voi-je ? Il semble que vous me fuïiez. Arrêtez, je ne suis plus ce stupide Ismenias, qui ne connoît point le prix de vos bontez, qui n'ose vous regarder, qui veut se dérober à vos charmes ; je suis un amant vif, empressé, joüissez de votre ouvrage. Qu'apprehendez-vous ? Ma constance justifiera la vivacité de mes desirs. Je lui prens les mains, je les baïse mille fois, je la serre dans mes bras ; tout le feu de mon cœur passe sur mes lévres, je les imprime sur les siennes, elle résiste, elle veut s'échaper, l'Amour la retient, il dissipe sa crainte, il augmente ma témérité, nos soupirs se confondent, ses yeux se remplissent

plissent d'une langueur séduisante, elle se trouble, elle s'égare. Désordre charmant! Une troupe officieuse d'Amours écartent à coups de fléches la Pudeur, qui fuit les yeux baissez. Amours, pourquoi mettez-vous votre bandeau sur ma bouche? Ne craignez rien, je suis discret. Ismene, vous pleurez, vos forces se raniment ; votre colere m'allarme, les transports les plus passionez doivent-ils offenser une Amante, qui les a fait naître, qui sembloit les autoriser? Cher Ismenias, moderez-en la violence, ménagez ma foiblesse, on respecte ce qu'on aime: si vous m'aimez, mes pleurs doivent vous arrêter; si vous ne m'aimez pas, vous êtes trop cruel de me presser si vivement. Je croignois de lui dé-

C

plai-

plaire ; mais j'avois honte de cé-
der. Etrange effet de l'amour!
Je n'osois remporter une victoire, que je poursuivois avec
ardeur. Ismene, vous vous rendez? Quel obstacle me retient?
Mes yeux s'obscurcissent, je
vous cherche, & ne vous trouve plus ; je reste sans voix & sans
force ; il s'éléve en moi des
mouvemens inconnus ; mon
cœur palpite ; mon corps fré-
mit. Je m'éveille. Dieux! Si
l'erreur d'un songe a tant de
charmes? Quelle est donc la
douceur des véritables plaisirs?
Revenez, délicieuse Illusion!
Je vous appelle en vain, Morphée est rentré dans son Palais.
Je ne puis ni me lever, ni me
rendormir. Je m'abyme dans
une foule de pensées confuses,
que je ne cherche point à dé-
brouil-

brouiller ; je me retrace avec complaisance toutes les particularitez de mon réve. Se souvenir d'un bonheur imaginaire, c'est passer d'une chimere à une autre ; mais comme dit un Poëte,

Souvent, en s'attachant à des fantômes
  vains,

Notre raison séduite avec plaisir s'égare ;

Elle-même joüit des objets qu'elle a feints,

Et cette illusion pour quelque tems répare

Le défaut des vrais biens, que la nature
  avare

N'a pas accordez aux humains.

Cependant les ombres de la nuit avoient fait place à l'Aurore ; elle-même, fuyant les regards du Dieu de la lumiere, étoit allée se jetter entre les bras du mortel qu'elle aime. Je vais

C 2

cher-

chercher Cratisthene, nous entrons dans le jardin, je passe dans
le salon. Ces tableaux, que
j'avois trouvé la veille si dangereux, ne répondent plus à l'idée
que je me suis faite de l'amour;
l'expression en est foible, ina-
nimée; le Peintre qui les a faits,
n'aimoit point, il eût donné
plus de grace à l'Amour, plus
de feu, plus de charmes; les
Esclaves, qui l'environnent,
n'ont point cet air de langueur
& de ravissement, qui passe du
cœur dans les yeux, qui remplit,
qui pénétre les vrais Amans.
Mais, quoi, m'écriai-je, parmi
tant de beaux objets je ne trouve point Ismene! N'a-t-il osé la
peindre? A-t-il senti que la nature va quelquefois au delà des
bornes de l'imagination, & que
l'art peut perfectionner ce qu'il
in-

invente, mais qu'il reste toûjours au-dessous de la réalité? Non, non, il a eu raison d'oublier Ismene, comment eût-il représenté l'Amour? Elle eût embelli le triomphe, elle eût effacé le vainqueur.

Tout à coup, changeant de discours, j'adresse au Dieu ces mots, qui surprirent Cratisthene : C'en est fait, Amour, tu l'emportes, plus d'Eurycome pour moi, la patrie d'Ismene devient ma patrie, je me fais citoyen d'Aulycome. Ainsi donc, m'interrompit-il, d'un ton sévére, Ismenias oublie qu'il est l'Envoyé de Jupiter! & passant d'une extrémité à l'autre, il se livre sans reserve à une passion, qui faisoit l'objet de toute sa crainte! Ismenias citoyen d'Aulycome! Dieux! l'ai-je bien entendu?

                du?

du? Ne fongez-vous plus que vous vous devez aux tendres empreffemens d'un pere qui vous aime? Ne fongez-vous plus qu'une mere en pleurs vous attend? Objet de leurs délices & de leur affliction, voulez-vous leur donner la mort? Qui recevra leurs derniers foupirs? Qui fermera leurs yeux? Fils ingrat! la nature ne fe révolte-t-elle pas dans votre cœur? Cruel ami, m'écriai-je, c'eft vous qui m'avez perdu, je voulois fuir, il en étoit tems encore, vous m'en avez empêché. Quel inftant choififfez-vous, pour m'arracher à moi-même? O Themifthée! O Dianthée! votre malheureux fils n'a plus la force d'écouter fon devoir, un funefte amour le rend infenfible à votre tendreffe, à vos lar-

larmes, à tout ce qui n'est point Ismene. L'impérieuse voix de l'Honneur veut en vain se faire entendre, cet honneur, dont les droits m'étoient si précieux, ne forme plus que des sons impuissans, qui parviennent à peine à mon oreille. En parlant de la sorte, je regardois l'Amour, il s'applaudissoit de ma foiblesse, moi-même je m'applaudissois du sacrifice honteux, que je lui faisois de ma raison.

Cratisthene en fut indigné. J'avouë, me dit-il, que je vous ai prédit que vous aimeriez. J'ai été plus loin, j'ai combatu vos scrupules, j'ai disposé votre cœur à recevoir les impressions qu'Ismene meritoit d'y faire; je voyois que, né tendre, vous ne resistiez que par honte, & par timidité; est-ce là vous avoir

per-

perdu ? Pouvois-je imaginer que l'Amour, qui fait naître, ou qui augmente la vertu dans les cœurs bienfaits, détruiroit la vôtre ? Non, mon cher Ismenias, j'avois meilleure opinion de vous, je l'ai encore. Faites un effort sur vous-même, le combat est penible ; mais la gloire en est le prix. Aimez Ismene, j'y consens ; mais aimez la d'une maniere digne d'elle. Le mistere doit être inséparable de l'amour, le moindre éclat vous perdroit l'un & autre ; vous êtes Amant, mais vous êtes Ministre de Jupiter ; vous êtes Amant, mais vous êtes Fils. Ulisse est l'objet de votre admiration, qu'il soit le modele de votre conduite, il préfera sa patrie à une Deesse, à l'immortalité même. Cet exemple ne

vous

vous touche point; il vous faut
un motif plus preſſant; je le
trouve dans Iſmene. Connoiſſez
le cœur des femmes, elles aiment la gloire. La maîtreſſe la
plus paſſionnée ſeroit au deſeſ-
poir que ſon amant manquât
l'occaſion d'en acquerir, elle
murmure contre cette gloire
cruelle qui la ſépare de l'objet
de ſon amour, elle ſoupire,
elle gémit, elle fond en larmes,
elle veut qu'il ſoupire, qu'il gé-
miſſe, qu'il pleure avec elle;
mais elle veut qu'il parte. Con-
ſultez Iſmene, vous verrez ſi
je vous trompe.

Cratiſthene ſe tut, je ſentois
la force de ſes raiſons, j'en étois
ému, pénétré; mais j'avois la
foibleſſe de n'oſer en convenir;
mon ſilence lui faiſoit peine;
mais il avoit pitié de mon agi-

tation.   Il apperçut Sosthene,
qui venoit à nous, il m'en avertit, je n'eus que le tems de me
remettre de mon trouble, ou du
moins d'en cacher une partie.

Nous n'apprenons jamais que
les derniers les choses qui nous
interessent ; Sosthene, loin de
se douter de mon amour pour
sa fille, dont il ignoroit le com-
mencement & les progrez,
avoit sur elle de tout autres des-
seins ; les Dieux ne permirent
pas qu'ils s'accomplissent. Il
nous dit, en nous abordant, que
tout étoit prêt pour le Sacrifice
que nous devions offrir le lendemain à Jupiter. Après quelques tours de promenade, où la
conversation ne roule que sur
des sujets indifferens, nous entrâmes dans la sale du festin. Je
croi qu'il fut plus magnifique encore

core que ceux qui l'avoient pré-
cédé, je laisse à Cratisthene à en
juger; pour moi, je ne vis qu'Ismene; je fis toutes les étour-
deries d'un homme de mon âge,
qui commence d'aimer, j'en fis
d'autant plus que je m'étois pro-
mis d'en faire moins. Plus pru-
dente que moi, Ismene empêcha qu'elles ne fussent remar-
quées; si ma main s'arrétoit sur
la sienne, elle la retiroit modestement, & sans affectation; si
je la regardois, elle baissoit les
yeux; si je voulois lui parler,
elle détournoit la tête. Au
moindre mot, au moindre geste
suspect, ses regards m'avertis-
soient que j'étois examiné; je
me contraignois un moment,
du moins je croyois me contraindre, je me sçavois un gré
merveilleux de ma discrétion,
C 6

je

je me flatois qu'Ismene lifoit feule au fond de mon cœur. Que ceux qui aiment font extrava- gans! Ils s'imaginent, au mo- ment même qu'ils fe laiffent voir tout entiers, que l'amour met un bandeau fur les yeux de ceux qui les obfervent, & qu'ils n'ont que lui pour témoin de leurs actions.

On défervit. Je ne fçai fi j'avois mangé; & fi je n'avois pas touché la main d'Ifmene, lorfqu'elle me prefenta la cou- pe, je ne me fouviendrois pas d'avoir bû; mais je me fouviens que j'eus un regard d'Ifmene. Déeffe, dont les tendres fenti- mens ont paffé dans mon cœur, O Venus! toi, dont les ex- preffions vives & flateufes font fur les Immortels autant d'effet que tes charmes, Ifmene m'a

re-

regardé, tu m'as fait sentir là douceur de ce regard, apprens-moi à en faire connoître le prix. Sosthene, me prenant par la main, me parla de la sorte. Ismenias, il y a trois jours que vous êtes icy ; nous avons coutume d'employer ce tems à rendre aux Ministres des Dieux les honneurs, qui sont dûs à leur personne, & à leur emploi. Charmez de vous avoir parmi nous, croyez que nous voudrions vous avoir toûjours ; mais il faut que les plaisirs de l'hospitalité cédent aux devoirs de la Religion ; partons demain pour Eurycome, le Souverain des Dieux nous y demande un Sacrifice, allez vous reposer avec Cratisthene. Il dit, & me laisse.

La foudre, qui tombe avec fracas aux pieds d'un voyageur

sur-

surpris par les ténébres, l'étonne moins que ne m'étonnerent ces funestes paroles. Sans voix, sans mouvement, je crus que la Mort d'un coup de sa faux cruelle m'avoit précipité au fond du Tartare. A cette muette douleur succederent des gémissemens, des cris douloureux. Non, m'écriois-je, non, je n'abandonnerai point Ismene, ma vie est attachée à sa présence; je veux vivre, & mourir avec elle.

Cependant elle se promenoit, je l'apperçûs, & après m'être assuré qu'elle étoit seule : Est-ce vous, lui dis-je, chere Ismene? Elle fuit, sans me répondre, je la retiens par sa robe, je veux lui voler un baiser. Ismenias, me dit-elle en souriant, respectez votre Ministere, respectez-en du du moins les ornemens ſacrez. Rien ne vous arrête. Un baiſer vaut-il le danger où vous nous expoſez l'un & l'autre? On nous examine, on nous voit peut-être. Iſmenias, vous ne m'écoutez point. Que vous êtes different de ce que vous étiez hier? Modeſte, timide même, vous n'oſiez me regarder. Pendant qu'elle parloit ainſi, je tenois ſa main dans les miennes, je la ſerrois, je la baiſois, je l'arroſois de mes larmes. Helas! lui diſois-je, en ſoupirant, je paye bien cher un moment de plaiſir, je ne vous verrai plus, je pars demain pour Eurycome. Et moi auſſi, reprit-elle en s'échapant. J'entends du bruit, je n'oſe la ſuivre. C'étoit Cratiſthene, qui couché ſous un mirthe épais, en avoit fait re-

muer

muer les branches. Il vient à moi, je ne le reconnoi point dans l'obscurité, je l'évite craignant que ce ne fût un Esclave de Softhene. Eh! quoi, me dit-il, avec un sourire malin, un mouvement de feüilles vous fait peur! C'est quitter trop aisément une Maîtresse que vous ne devez peut-être plus revoir. Partagez ma joye, lui repliquai-je, en l'embrassant, Ismene vient avec nous, je le sçai d'elle-même, aidez-moi à la retrouver, elle est peut-être encore dans le jardin. Non, reprit-il, je ne vous suivrai point; vous aimez, votre affaire est de veiller, la mienne est de dormir, je vous laisse avec un meilleur second, c'est l'Amour. Là dessus il me quitte.

Je parcourus toutes les allées, tous les détours, je m'arrêtois,
je

je prêtois l'oreille, je n'entendois rien, j'appellois Ismene, elle ne répondoit pas ; j'étois inquiet, impatient. Il n'y avoit qu'un moment que je l'avois vûë ; mais peut-on trop voir ce qu'on aime ? Je devois partir avec elle le lendemain, mais ce lendemain me paroissoit trop éloigné ; j'accusois les Dieux, j'accusois Ismene ; bientôt, pour la justifier, je me disois, elle ignore que tu la cherches ; Elle l'ignore, reprenois-je sur le champ, ne devoit-elle pas l'imaginer ?

Enfin, après bien des plaintes, & des pas inutiles, je crus qu'elle étoit retirée. Je me trompois, elle m'a dit depuis qu'elle m'avoit entendu ; mais que me craignant, que se craignant elle-même, elle avoit eû la force de se résister ; que l'Amour avoit

gémi

gémi dans son cœur de se voir
sacrifié à la vertu, qu'elle-même en avoit gémi, & que sans
une de ses Esclaves, qui la joignit, elle n'auroit peut-être pû
se refuser au plaisir de se laisser
retrouver. Amour, s'il est vrai
que tu n'enflâmes les cœurs,
que pour les rendre heureux,
pourquoi les laisses-tu en proye
à la crainte, & au préjugé ?

Je passai la nuit sans dormir.
Le sommeil craint, ou respecte
les Amans, il sçait qu'ils préférent à ses faveurs les rêveries
qui les occupent. L'ame, dans
cet état, charmée, ravie hors
d'elle-même, communique au
corps une douce léthargie, qui
lui tient lieu de repos. Cette
langueur, cet extase se sent
mieux qu'on ne l'exprime.

Un bruit confus de voix m'a-
vertit

vertit qu'il étoit tems de me lever. Sosthene, entrant dans ma chambre, fut étonné de me voir encore au lit. Ismenias, me dit-il, tout est prêt pour notre départ, habillez-vous pour venir au Temple. Nous trouvâmes à sa porte tout Aulycome, qui nous attendoit : Nous y arrivâmes au milieu des acclamations. La pompe de ce jour égala celle du jour de mon arrivée : Je reçûs les mêmes honneurs je ne pouvois en recevoir de plus grands. Ismene ne put me parler ; mais je lus dans ses yeux, qu'elle en étoit flatée, qu'elle se les approprioit ; l'Amour rend tout commun entre les Amans.

Le Sacrifice achevé, nous nous embarquâmes. La navigation fut heureuse. Notre vaisfeau avoit été apperçû de loin; une foule de peuple couvroit le rivage. Ismene fit la surprise & l'admiration de tous ceux qui la virent. Je préfentai mes Hôtes à mon Pere, & je lui rendis compte, d'un air pénétré, de la maniere dont j'en avois été re-çû. Themifthée les en remercia en termes fi pleins de reconnoif-fance, qu'ils crurent qu'il faifoit plus pour eux qu'ils n'avoient fait pour moi. Dianthée com-bloit Ismene de careffes, elle ne pouvoit fe laffer de la loüer, & de la baifer; j'en étois jaloux; mais la baifant moi-même, il me fembla qu'elle n'étoit que dépofitaire des baifers d'Ismene, & que je les retrouvois tous fur fa bouche.

Pendant que je recevois des complimes fur mon retour,

mon

mon pere faiſoit voir à Soſthene
ſa maiſon & ſon jardin, l'une
& l'autre étoient de ſon deſſein.
Il n'y avoit point de ces beautez frapantes, qu'on admire dans
ces palais ſuperbes, où les Grecs
voluptueux égalent, ſurpaſſent
aujourd'hui le luxe des Rois de
l'Aſie. Tout y étoit ſimple ſans
négligence, propre ſans faſte,
utile ſans dépenſe ; le gout & la
ſageſſe du maître avoient ſupléé
aux ornemens. Soſthene, ac-
coutumé chez lui au grand, au
merveilleux, en ſoupira. O
Thémiſthée, s'sécria t il, qu'il
m'en a couté de tréſors, pour
faire une maiſon moins agréable
que la vôtre ! Heureux les hommes qui n'aiment, qui ne ſuivent que la nature !

Cette réflexion en fit naître
d'autres, qui les menérent juſqu'à

qu'à l'heure du souper. On se mit à table, je ne dirai rien du festin. L'austérité des mœurs de Themisthée en avoit banni la profusion; mais elle n'en avoit exclus ni la delicatesse des mets, ni la propreté des services. Le sage n'est ni prodigue, ni avare; ami de l'ordre, il en fait la regle de toutes ses actions. Enfin, si nous tâchâmes de ne rien obmettre de ce qu'exigent l'amitié, & l'hospitalité, nous eûmes la satisfaction de trouver des Hôtes sensibles & reconnoisfans.

La conversation fut douce, enjouée; ainsi s'entretiennent des personnes de mérite, qui s'estiment, & qui commencent à s'aimer. Nous voyions avec plaisir, Ismene & moi, se former entre nos parens une union

qui

qui flatoit la nôtre. Esperance trompeuse ! La fortune nous conduisoit parmi des fleurs dans un précipice affreux, dont toute la puissance de l'amour eut peine à nous retirer.

Vers la troisiéme veille de la nuit, nos parens & tous ceux qui étoient venus d'Aulycome, se rendirent au Temple de Jupiter ; je ne les suivis point, mon ministere m'en dispensoit. Pour Ismene, elle étoit couchée, parce que la bienséance ne permet pas que les jeunes filles paroissent la nuit en public. L'occasion étoit favorable, j'en profitai ; je sçavois que l'Amour, qui la procure, ne veut pas qu'on la laisse échaper. J'entre dans sa chambre, elle s'éveille, & s'écrie. Ne faites point de bruit, lui dis-je, d'une voix basse, c'est

moi

moi. C'eſt vous, reprit-elle avec ſurpriſe, & Soſthene, & Pan-thia, où ſont-ils ? Ils ſont allez offrir un Sacrifice au Maître des Dieux ; mais nous, belle Iſme-né, n'en offrirons-nous point à l'Amour ? Oui, continuai-je, ſacrifions-nous à lui tout en-tiers. Un baiſer l'empêcha de me répondre. Qu'il fut tendre! Qu'il fut délicieux ! Qu'il fut répété de fois ! Amour ! que les prémices de tes faveurs ſont ſé-duiſantes ! Les Graces les aſſai-ſonnent, la varieté les renou-velle.

Nous étions ſeuls, j'étois jeune, j'aimois, j'avois des de-ſirs, Iſmene en ſentit le danger. Elle veut s'arracher de mes bras; elle s'apperçoit que ſon cœur & ſes forces la trahiſſent, elle gé-mit, elle pouſſe de profonds
ſoupirs

soupirs, elle fond en larmes, elle a recours aux prieres. Que ne me dit-elle point, pour moderer mon ardeur ? Dieux ! Qu'elle avoit de charmes en s'opposant à mon bonheur ! Ses refus mêmes la rendoient plus aimable. Que ne peut point une Amante tendre & vertueuse sur un Amant délicat ? Je m'arrête. Esclaves de vos plaisirs, vous me blâmez, je ne cherche point votre suffrage.

Ismene, moins pressée, me dit : Cher Ismenias, c'est à présent que je connoi que vous m'aimez. Le don de mon cœur sera le prix du pouvoir que vous venez de me donner sur le vôtre, regnez sur ce cœur, régnez-y seul, & comptez sur une fidelité inébranlable. Les Dieux n'ont point fait naître

une

une flâme si vive, si pure, pour
la rendre malheureuse, ils met-
tront le comble à leurs faveurs,
en nous unissant de ces liens
éternels qu'eux seuls ont droit
de former. Prions-les d'en hâ-
ter le moment. Mon impa-
tience secondera la vôtre. Allez, & recevez dans ce baiser
un gage de ma foi. Helas ! poursuivit-elle, ce sera le dernier
que vous recevrez de votre Hy-
mene. On va nous séparer pour
jamais. Themisthée, ignorant,
ou désaprouvant nos feux, vous
choisit, peut-être dans le moment, une épouse plus charmante, plus accomplie. Cruel !
vous obéirez ; mais que dis-je ?
pourrez-vous ne pas obéir ? Je
ne vous en fais point un crime ;
vivez heureux, oubliez-moi ;
je ne veux point que le souvenir

d'une

d'une infortunée, empoisonne
vos plaisirs; puisse l'Amour en
inventer de nouveaux pour
vous! Adieu, cher Ismenias,
sortez, le jour paroît, on pou-
roit nous surprendre. Adieu,
occupée de votre idée, en proye
à ma douleur, fidéle à mes sermens, je vas passer les déplora-
bles restes d'une vie languissante
dans les larmes, & dans les re-
grets. Le cours n'en sera pas
long. Si j'ai quelque pouvoir sur
vous, ne pleurez point ma mort,
elle n'est un mal que pour les
Amans heureux.

Non, lui dis-je, non, belle
Ismene, on ne nous séparera pas.
Mon pere m'aime, mon bon-
heur lui est cher, loin de me
contraindre, il n'oubliera rien
pour engager le vôtre à vous ac-
corder à mes desirs. Themisthée

H
D 2
a

a de la naissance, il est riche,
il a des vertus, son alliance n'est
point à mépriser ; mais enfin,
si Sosthene ne me trouve pas
digne de vous, si mon espoir
est trompé, j'ateste cet amour
que vous m'avez inspiré, j'ateste
ces charmes que j'adore, qu'Ismenias ne brûlera jamais que
pour Ismene. Vous voulez que
je compte sur votre cœur. Eh!
pourquoi ne comptez-vous pas
sur le mien ? Votre constance
vous repond de la mienne, je
vous aimerois, même infidele.
Oüi, si Jupiter me laissoit maître de mon sort, s'il me permet-
toit de choisir parmi toutes les
Déesses, je leur préfererois Ismene ; si Venus elle-même
m'offroit l'immortalité, j'aimerois mieux mourir avec Ismene,
que d'être immortel avec Venus.
Il

Il étoit tems de nous séparer.
A peine étois-je sorti de sa
chambre, que la compagnie
rentra. J'allai me coucher. Jamais sommeil ne fut plus tranquile que le mien. Qu'on ne
dise plus qu'on trouve dans les
songes des présages heureux ou
funestes du bien & du mal qui
doit nous arriver. Je n'en eus
que d'agréables.

Sûr du cœur d'Ismene, la
douce sérénité brilloit sur mon
visage. Cratisthene en badina;
je le désabusai. Ma joye dura
peu. Softhene, s'adressant à mon
pere, en présence de nous tous,
lui parla de la sorte: Sage Themisthée, ce n'est point à nous,
c'est à Jupiter que se rapportent
les honneurs que vous nous rendez; auteur de vos bienfaits, il
en sera la récompense, hâtons-

D 3

nous

nous de lui en rendre graces par un nouveau sacrifice. Des affaires importantes me rappellent à Aulycome, ma fille ne sçait pas que la chose la regarde : perfuadé de son obéissance, je l'ai promise, sans lui en parler. Le jeune homme que je lui destine est aimable, il a des mœurs, de la naissance, de l'esprit, il m'est attaché ; je me donne un fils plûtôt qu'un gendre. Il me presse de lui tenir parole, je cours l'executer. Voulez-vous que rien ne manque à leur bonheur ? Honnorez leurs nôces de votre présence ; & vous, charmant Ismenias, venez en embellir la pompe.

Que devins-je, à ces mots ? Un froid mortel s'empara de tous mes sens : je ne sçai si mon trouble fut remarqué ; mais je

sçai

sçai qu'il fut extrême. Ismene, accablée par ce coup imprévû, pâlit, &, mettant ses mains sur ses yeux, elle feint un violent mal de tête; on l'emporte, on la met au lit; Panthia, inquiéte de la santé de sa fille, dont le mal augmente, reste auprès d'elle, & ne la quitte qu'à regret, pour aller au Temple. Tandis qu'on se dispose à s'y rendre, je me dérobe; on m'appelle, je ne répons point, & sans songer à quel danger je m'expose, je me coule dans la chambre d'Ismene.

Etroitement embrassez, gémissant, fondant en larmes, nos soupirs furent long tems nos seuls interprètes. Quel serrement de cœur! Quel état affreux! Amour, tu vis l'excès de nos douleurs, elles te tou-

D 4

cherent

cherent. Tu pouvois les finir; mais tu voulois nous éprouver.

Quelque précieux que soit un bien, jamais il n'est plus cher que lorsqu'on est prêt à le perdre. Je le sentis dans ce moment. Les charmes d'Ismene brilloient d'un nouvel éclat; je ne l'avois point encore trouvé si belle, je ne l'avois point encore aimée si éperduëment. Son silence, sa tristesse, ses regards distraits & languissans, tout augmentoit mon amour, & mon désespoir.

Helas! lui disois-je, vos pressentimens n'ont été que trop justes, on nous sépare, Ismene, vous craigniez de me perdre, c'est moi qui vous perds. Un autre va posseder ce cœur, qui n'étoit dû qu'à moi; il va le posseder! & vous allez faire son bonheur

bonheur! Ismene, pouvez-vous y consentir? Moi-même, puis-je y songer sans mourir; Ne le croyez pas. Le jour, qui éclairera votre funeste Hymenée, sera le dernier de ma vie. On va t'enlever ta Maitresse, & tu pleures! Foible Ismenias, n'as-tu d'autre resource que tes larmes? Qu'au moins la mort de ton Rival précéde la tienne; que même au pied des Autels ses mirthes se changent en cyprez. L'Amour outragé, devient le plus cruel des Dieux, ma fureur ne respectera rien, tremble Sosthene ... Il est mon Pere, interrompit Ismene, il doit vous être sacré; ne l'accusez point de nos maux, il en est innocent, il ignore que vous m'aimez. Il ignore que je vous aime, repris-je avec transport! Eh! ne

fçait-il pas que je vous ai vûë,
& que j'ai un cœur?

Après un moment de silence,
Ilmène me dit: Les maux éloignez troublent la raison, les
maux présens l'annéantissent;
loin de vous conjurer de vous
servir de la vôtre, je ne puis
faire usage de la mienne: je sens
comme vous toute l'horreur de
notre destinée, voyez s'il est
possible de nous arracher au
malheur qui nous menace, je
souscris à tout ce que votre
amour vous inspirera; je me
donne à vous. Cet effort de passion lui avoit trop coûté, ses
couleurs se dissipent, ses yeux se
ferment, elle perd le sentiment,
cet état m'accable de douleur &
de crainte; je la crois morte, je
veux mourir. L'Amour arrêta
son ame fugitive, il lui rendit

la

la vie. J'allois faire éclater ma joye & ma reconnoissance, Ismene poursuivit, Ne perdons point un tems précieux, songez que les momens nous sont chers, mettons - les à profit. Adieu, quittons nous un instant, pour ne plus nous séparer.

Plein de mille projets, qui tous me paroissoient faciles, mais qui ne l'étoient que dans mon imagination, je me rendis au Temple. Le Sacrifice étoit commencé. Déja le sang des victimes égorgées tombe dans les vases destinez à le recevoir. Déja le Sacrificateur, trouvant dans leurs entrailles un augure favorable, presse Sosthene d'accomplir un mariage agréé par les Dieux. Tout à coup un grand Aigle, fondant à plein vol sur ces entrailles, les déchire, les

disperse, & les enleve dans ses serres. Le couteau sacré tombe des mains du Prêtre, il fuit loin de l'Autel, une horreur subite s'empare des esprits de tous les Assistans; la consternation paroît sur le visage des moins timides, on n'entend que gémissemens, que lamentations : chacun craint pour soi les malheurs qu'annonce ce prodige. Ils ne regardent que moi, s'écria Panthia? Dieux immortels! vous condamnez un hymen où j'avois mis toute ma felicité. O ma fille! O infortunée Ismene! Quel malheur vous attend! Ce ne sont point les entrailles de la Victime que l'Aigle a déchirées, ce sont les miennes. Protecteur de l'innocence, tu lis dans nos cœurs, quel crime avons-nous commis? Laisse toi
fléchir

fléchir par nos larmes, appaise
ta colere, ou ne l'exerce que
fur moi, conserve la fille aux
dépens de la mere, que ma
mort lui donne la vie une fe-
conde fois. En parlant ainfi,
elle s'arrache les cheveux, elle
fe frappe la poitrine, elle fe roule par terre? on l'entoure, on la
releve, on s'efforce de la confoler, elle ne veut rien entendre.
Cependant les efprits fe raffu-
rent. Cet évenement, fi terrible
d'abord, n'a plus rien d'effrayant.
Ce n'eft qu'un fimple effet du
hazard, qu'un figne indifferent,
peut-être même, eft-ce un pré-
fage heureux. Telle eft l'incon-
ftance de la multitude, l'objet
de fa terreur devient en un moment l'objet de fon efperance.
Tout le monde étant forti du
Temple, nous reconduisîmes

D 7   Softhe-

Softhene & Panthia : il n'étoit
pas moins affligé ; mais sa douleur ne paroissoit point au dehors ; il n'est permis de pleurer
qu'aux femmes, & aux amans.
Nous trouvâmes Ismene fondant en larmes, une Esclave
l'avoit avertie de ce qui venoit
d'arriver. La désolation de sa
mere la touchoit plus que le
prodige : déterminée à me suivre, il autorisoit sa fuite. Dans
le trouble où nous étions, elle
trouva le tems de me demander
ce que j'avois fait, je lui répon-
dis que j'allois tout arranger
avec Gratisthene, & que bientôt . . . . . Je ne pus achever, son
Pere l'appella, je lui serrai la
main, & je lus dans ses yeux
qu'elle m'accusoit de lenteur.
Venez, ma fille, lui dit Softhene, venez m'aider à calmer votre

ne mere. Elle vôle sur ses pas, elle l'embrasse, elle essuye ses larmes, elle la conjure par les motifs les plus tendres & les plus touchans de ne se point laisser accabler. Non, lui di-soit-elle, les Dieux ne sont point irritez contre nous. Ils sont justes, s'ils condamnent un mariage que vous aviez projet-té, condamnons-le nous-mê-mes, vous pourrez en faire un autre qu'ils approuveront, con-sultons-les encore, prête à leur obéir, mon bonheur ne m'est cher, qu'autant qu'il peut faire le vôtre. Nous admirons la sa-gesse de ce discours, nous nous joignons à elle. Panthia nous écoute, & se laisse persuader. Conduite dans sa chambre pour y prendre un peu de repos, je m'enferme avec Cratisthene.

Té-

Témoin, ou confident de tout
ce qui s'étoit paſſé entre Iſmene
& moi, je pouvois lui en épargner le recit , mais , occupez
d'eux-mêmes , les Amans veu-
lent toûjours parler de ce qui
les intereſſe.　Je lui rappelle la
naiſſance , & les progrez de ma
paſſion , nos premieres craintes,
& nos premiers plaiſirs , notre
retour à Eurycome , l'empreſſement de Themiſthée , les careſ-
ſes de Dianthée ; les idées flat-
teuſes , qui quelque tems nous
ſéduiſirent l'un & l'autre , nos
entretiens ſecrets , nos promeſ-
ſes , nos ſermens , l'impétuoſité
de mes deſirs ſuſpenduë par ſa
modeſtie , autant que par ſa réſiſtance , le diſcours imprévû de
Soſthene , le mariage de ſa fille,
notre trouble , notre déſeſpoir,
nos projets de fuite , le prodige
arrivé

arrivé dans le Temple de Jupiter, notre surprise, & notre consternation. Enfin, lui dis-je, vous voyez deux Amans infortunez, qui se jettent dans vos bras, aîdez nous de vos conseils, & de votre secours, nous avons plus de courage que d'experience, plus d'amour que de raison, nous fuyons un précipice, sans vous nous tomberons dans un autre; inquiet, allarmé, il s'éleve dans mon cœur de noirs pressentimens, qui me font fremir, on me separera d'Ismene, je la perdrai. O mon cher Cratisthene, adoucissez l'amertume de l'état où je suis réduit.

Sensible à ma peine, il me console, il me rassure : Ce n'est point vous, me dit-il, que menace le prodige qui vous effraye,

c'est

c'est votre Rival, il ne possede-
ra point votre Ismene, les Dieux
l'arrachent de ses mains, vous
l'épouserez un jour sous de plus
heureux auspices, le tems &
l'Amour justifieront ma prédiction. Le tems, & l'Amour,
m'écriai je? Eh! songez-vous
qu'elle part demain? Faites agir
Themisthée, ajouta-t-il, parlez
vous-même à Softhene. Il a
donné sa parole, repris-je, il ne
peut y manquer sans se deshon-
norer. Mais, poursuivit-il, je ne
puis approuver votre fuite, elle
est imprudente, & dangereuse.
Eh! repris-je encore, quelques-
affreuses qu'en puissent être les
suites, sont-elles comparables à
notre situation? Malheureuse
Ismene! Plus malheureux Ismenias! Tout nous abandonne,
qu'allons-nous devenir? Cratisthene

Cratisthene reste immobile, sans
me répondre : la raison & la pitié se disputent son cœur ; je lis
dans ses yeux qu'il est violament
agité. Je l'embrasse, il s'atten-
drit ; je le presse, il soupire ; je
redouble mes instances, il ne
me résiste plus. Vous l'empor-
tez, me dit-il, il faut vous rendre le cruel service que vous
exigez de moi, veuille la bonté
des Dieux ne m'en point punir.
Vous partirez ce soir avec Ismene, il y a dans le port un vaisseau
prêt à faire voile pour la Syrie.
Je vas m'assurer du Patron ; j'ai
un Hôte Syrien, chez lequel
nous trouverons un azile inviolable. Quoi, lui répondis-je,
tout hors de moi-même, vous
viendrez avec nous ? Cratisthene, vous viendrez avec nous ?
Dieux ! vous mettez le comble

à vos faveurs. L'amour & l'amitié conspirent à me rendre le plus heureux de tous les hommes.

Il falloit, pour terminer la fête de Jupiter offrir encore, à l'entrée de la nuit, un Sacrifice dans le Temple d'Apollon. J'aurois voulu ne m'y pas trouver, & profiter de ce tems pour instruire Ismène de nos arrangemens: mais Dianthée, m'ayant apperçû, me dit de donner la main à Panthia. Dans le trouble où j'étois, à peine osois-je lui parler; il me sembloit que toutes mes paroles trahissoient mon secret. Pendant la cérémonie j'étois abymé dans la rêverie la plus profonde; on la prit pour un recueillement, pour un acte de religion; on m'admiroit, on me citoit pour modéle. Que les hommes

hommes lifent mal dans les cœurs! Ce qui m'attiroit leurs loüanges, offençoit les Dieux. Le Sacrifice achevé, chacun fe retira. La nuit me favorifoit, jamais elle ne s'étoit envelop-pée de voiles plus fombres. On étoit dans ces premiers inftans de fommeil, qui font l'image la plus parfaite de la mort. J'entre dans la chambre d'Ifmene. Enfin lui dis-je, nos maux vont finir bientôt, maîtres de nous-mêmes, nous ne craindrons plus la tyrannie de nos parens; Cratifthene difpofe tout pour notre départ; vous l'allez voir paroî-tre. Au lieu de me répondre, elle foupire. Toutes les confé-quences de fon entreprife fe pré-fentent à fon imagination, elle en tremit. Ira-t-elle, feule avec moi, cherchant une retraite par-

mi

mi des Barbares, se couvrir
d'une honte éternelle? Elle
voit la fureur de Sosthene, &
le désespoir de Panthia? elle se
fait d'avance tous les reproches
que mérite une fuite si hardie,
si coupable. Vous-même, cher
Ismenias, vous-même, qui me
la conseillez aujourd'huy, vous
seriez le premier à me blâmer.
Le Ciel m'est témoin, & j'atteste
tous les Dieux qui l'habitent,
que, si la vertu, sans laquelle
l'amour le plus tendre est un
crime, ne s'y fût point opposée,
il n'y auroit eu de bonheur pour
moi, que celui de vous aimer,
& d'être aimée de vous; mais
cette vertu sévére, cette vertu
toute puissante sur mon cœur,
en ordonne autrement; sou-
mettons-nous, & puisqu'elle ne
nous deffend pas de mourir,
mourons

mourons, sans l'offenser.

Je crus que mes caresses dissiperoint ses scrupules, mes caresses furent inutiles. Je lui rappellai ses sermens, elle ne s'en souvint que pour s'en repentir, que pour les détester; j'eus recours aux larmes, aux prieres, elles ne servirent qu'à la rendre plus infléxible.

Cratisthene arrive, & nous trouve dans cette agitation: il joint ses efforts aux miens. Il me paroît émuë, & non persua-dée. Le danger ne l'étonne point, mais le devoir l'arrête. La nuit s'avance, l'heure se passe, je vais de l'un à l'autre, je prie, je menace, je ne gagne rien. J'en demande pardon à l'Amour, dans le désordre où j'étois je fus tenté d'user de violence, je songe qu'elle criera

peut-

peut-être, & qu'on pourra nous
entendre, un motif plus pref-
fant encore me retient, j'ai peur
de lui déplaire. Enfin, après
une résistance opiniâtre, &
lorfque nous n'éfperions plus de
la réduire, elle apprend que
Cratifthene doit nous accom-
pagner. L'Amour attendoit ce
moment pour vaincre. Elle me
tend la main, nous fortons fans
être apperçûs, nous nous ren-
dons au port, nous entrons dans
le vaiffeau. Jupiter, difmes-
nous, d'une voix ûnanime, protege deux Amans infortunez,
que la rigueur du fort, ou plûtôt que ton Oracle chaffe de
leur patrie. Et toi, Neptune, ordonne aux flots de les refpecter.

On fait voile, le tems étoit
calme, la mer tranquile, il fem-
bloit que nous fuffions portez
fur

sur les aîles des zephirs. J'étois si pénétré d'amour, si transporté de plaisir, qu'oubliant tous mes maux passez, je croyois mon bonheur hors d'atteinte. Couché aux pieds d'Ismene, la tête appuyée sur ses genoux, je me livrois aux transports les plus délicieux ; mon ravissement me tenoit lieu de sommeil. Que cette nuit eut de charmes ! Que son obscurité perdit & cacha de faveurs innocentes !

Ainsi se passerent deux jours. Qu'Ismene fut trouvée belle ! Qu'elle fit naître de desirs ! & que j'excitai de jalousie ! Il y avoit parmi nous un Peintre fameux, qui passoit à la Cour du Roi de Perse. Pour y faire honneur aux Beautez Greques, il demanda à Ismene la permission de la peindre. La rapidité

E

du

du travail ne nuiſit point à la
perfection de l'ouvrage. C'eſt
Iſmene, elle reſpire, elle flate,
elle enchante. Objet des vœux
de toute l'Aſie, elle en va triom-
pher. Quelle idée flateuſe pour
un Amant! Je voi ſa gloire,
je la partage; bientôt, par un
mouvement contraire, cette
gloire m'aflige, je ne puis ſou-
frir que ſon portrait tombe entre les mains des Barbares: ils
n'en ſont pas dignes; tout ce qui
reſſemble à Iſmene ne doit ap-
partenir qu'à Iſmĕnias. Le Peintre remarqua mon trouble, il
avoit remarqué mon amour,
nos feux ne ſe contraignoient
point. Je connoi, me dit-il, toutes les délicateſſes des Amans,
j'ai aimé, voilà le portrait d'Iſmene, poſſedez-le ſeul, je vous
le donne.

Déjà

Déjà les Matelots, découvrant la terre, remplissoient l'air de cris d'allegresse. Déjà Cratisthene nous montroit le temple de Junon, qui dominoit sur tous les édifices de la Ville où nous devions aborder ; C'est-là, nous disoit-il, que dépositaire de vos sermens, la Déesse va bientôt vous unir pour toûjours. Dieux de l'Olimpe, Dieux de la Mer, prolongez encore un instant vos faveurs. Helas ! vous ne m'écoutez point.

Le Ciel s'obscurcit, les vens se déchaînent, une tempête furieuse se forme, elle éclate, l'air s'embrase, l'onde mugit, les mats se brisent, le vaisseau s'entr'ouvre, le trouble & l'horreur s'emparent des esprits, nous sommes de concert avec les flots pour nous perdre, l'art devient

 inu∫

inutile, la manœuvre cesse; les
uns pouffent des cris perçans, les
autres attendent la mort dans un
fombre filence; ceux-ci, pleins
de leur défefpoir, maudifent les
Dieux; ceux-là fe proſternent,
& les implorent.

Ifmene, inacceffible à la
crainte, l'Amour rempliffoit
tout fon cœur, fe jette dans
mes bras. Je voi la mort fans
pâlir, me dit-elle, les Dieux
font juftes, je l'ai méritée. Quelque prompt, quelque rigoureux
que foit le châtiment, il n'égale
point mon crime; je meurs fans
me plaindre; mais voyez à quel
point je vous aime, je meurs
fans me repentir; ce que j'ai fait,
je le ferois encore: j'ai tout
quitté pour vous? Ifmenias, je
ne regrette que vous? imitez
mon exemple, mourez avec
cou-

courage, mourons en nous ai-
mant; s'il eſt doux de vivre avec
ce qu'on aime, il eſt doux de
mourir enſemble.

Le Pilote, ayant perdu tout
eſpoir, aſſemble l'équipage? Les
Dieux, dit-il, d'une voix trem-
blante, les Dieux ſont irritez,
notre perte eſt certaine, Jupiter arme contre nous tous les
Elemens, rien ne peut nous arracher de ſes mains, ceſſons de
le fatiguer par des vœux qu'il
rejette. Neptune eſt moins im-
placable, renouvellons une coutume, qui a toujours été ſalu-
taire, offrons lui une victime
qui ſoit le ſalut de tous, voyons
ſur qui le ſort doit tomber. On
applaudit à ſon diſcours, on
porte avec empreſſement ſon
nom dans l'urne fatale, chacun
vôle à la mort, pour l'éviter.

E 3

Le

Le premier billet qui sortit du vase terrible: Aurai-je la force de le dire sans expirer? Le premier billet fut celui d'Ismene.

Accablé de la plus affreuse douleur, je l'emporte au fond du vaisseau, résolu de me faire déchirer en mille pieces, plûtôt que de la rendre. La crainte rend cruel. Ceux, qui la veille, auroient donné leur vie pour lui plaire, sont les premiers à solliciter sa mort. On crie hautement que la religion est offensée, on s'imagine que chaque moment qu'on différe ajoute à la violence de la tempête. Cratisthene veut parler pour elle, au lieu de l'écouter, on le menace de le précipiter lui-même.

Cependant Ismene se débarasse de mes bras. Je ne puis la retenir. Elle fend la presse, & s'adres-

dreſſant au Pilote: Nouveau Miniſtre des Dieux, lúi dit-elle,
leurs droits ne feront point vio-
lez. Ne crains aucune réſiſtance
de ma part, la vie d'Iſmenias
eſt attachée à ma mort. Fais ta
charge. Neptune demande ſa
victime, elle eſt prête, qu'at-
tens-tu pour l'immoler? Ce furent ſes dernieres paroles. Deux
Matelots la faiſirent. Que faites
vous, cruels? Déjà la mer a
reçû ſa proye. Dieux! approu-
vez-vous ces horribles Sacrifices? Ou, ſi vous les déteſtez,
que ne perdez-vous les impies,
qui vous deshonnorent en vous
les offrant! Vous faites ceſſer
l'orage! Le falut des Mortels
dépend-il d'un crime? Et vous,
Monſtres, qui m'arrêtez, vous
avez raiſon de vous oppoſer à
ma fureur, elle rendroit inutile
E 4   cet

cet affreux bienfait. Le Pilote m'impofe filence, je veux m'élancer fur lui. Qu'on l'enchaîne, s'écria t-il. A ce mot, je me fais des armes de tout ce qui me tombe fous les mains? les Furies m'animent, leurs ferpens fifflent autour de moi, l'épouvante & l'horreur les accompagnent. Ce nouveau danger paroît plus terrible que le précédent.

Mes forces me trahirent, je fus accablé par le nombre. Il falloit du fang à ma vengeance, on me force de la borner à des cris impuiffans. Pour s'en délivrer, on aborde, on me met à terre. Cratifthene! on ne vous permit pas de m'y fuivre; fi quelque chofe avoit pû me confoler, vous auriez été ma confolation.

La douleur portée à l'excez rend

rend infenfible, je garde un filence ftupide, je refte fans mouvement, état funefte, & plus cruel que l'agitation la plus violente : bientôt mon défefpoir reprend de nouvelles forces, les rochers retentiffent de mes rugiffemens, les Lyons & les Ours y répondent, les Dieux les entendent, & n'en font point touchez. Les fuplices de ces illuftres criminels, que leur juftice pourfuit fans relâche, font plus doux que les miens; je porte tout l'enfer dans mon cœur. Eh ! de quoi fuis-je coupable ? J'aimois, j'aime encore, ce font là tous mes crimes. O Jupiter ! depuis quand les cœurs tendres font-ils l'objet de ta vengeance ? T'imiter, eft-ce t'offenfer ? Et vous, Déeffe de la mer, foufrez-vous que Neptune vous

E 5   donne

donne une Rivale? Nos inte-
rêts font communs, rendez-moi
Ismene. Amour, que fais-tu?
Jalouse de la beauté d'Ismene,
ta Mere te retient dans Paphos.
Elle s'étoit donnée à toi, tu me
l'avois promise, ignore-tu qu'on
nous l'enleve? Vôle au fond du
Palais du Dieu des mers, rede-
mande ton bien, il n'osera te
refuser. Mais, que fais-je, &
pourquoi m'adresser à des Dieux
cruels & sourds? Ismene, vous
n'êtes plus, j'ai causé votre mort,
la mienne seule peut expier mon
forfait; si je la differe, c'est pour
prolonger ma misere, je vous
retrouverois dans l'Olimpe, où
dans l'Elisée, & je n'en suis pas
digne.

Le seul Dieu, dont je n'im-
plorois pas le secours, eut pitié
de moi. Ami des mortels, souvent

vent il prévient leurs desirs, pour se donner à eux. Sa puissance est sans bornes, il triomphe de ceux-mêmes que l'Amour n'a pû soumettre, il regne parmi le tumulte affreux des armes, le bruit effroyable des tempêtes mutineés ne peut le troubler. Jupiter même le respecte, & c'est par sa faveur que les plus infortunez, malgré la fortune & le destin, deviennent des Dieux.

Je joüissois d'un repos trop doux, pour être durable. Tout à coup une lumiere éclatante m'environne, l'Amour fend les airs, & me montre Ismene. Cesse de te plaindre, je te la rends. Il dit, & s'envôle. Les yeux attachez sur Ismene, je goûtois le plaisir de la voir, sans pouvoir l'exprimer : il me sembloit

bloit qu'elle même faifoit de vains efforts pour me parler. Nous ne perdions rien l'un & l'autre dans ce filence involontaire. Nos regards, nos foupirs, nos tranfports en étoient plus vifs, plus enflamez, plus raviffans. Ifmenias, me dit-elle enfin, je vis, & je vous aime. Quoi, m'écriai-je, c'eft vous;.. Tout difparoît, je me trouve à mon réveil dans un vaiffeau au milieu d'une foule de Corfaires Ethiopiens, dont je fuis efclave. Ainfi, Dieux cruels, vous vous joüez des foibles hommes. Cependant je m'étonne du calme qui regne dans mon cœur; je fuis trifte, mais d'une trifteffe paifible; & dans le moment même, où je ne doi plus rien efperer, je me livre, malgré moi, tout entier à l'efperance.   Une

P. 109.

Une rame à la main, je regardois douloureusement les compagnons de mon infortune; trop foible pour partager leurs travaux, je n'en étois que spectateur. Eh ! quoi, me dit un Barbare, en me frapant, pense-tu qu'on t'ait mis là pour rester oisif ? Je trouvai des forces dans mon épuisement, ses coups cesserent. O Sosthene, les Dieux vous vengent cruellement de l'injure que je vous ai faite ! O mon pere, n'apprenez jamais l'état honteux où votre fils est réduit !

Le vaisseau sur lequel j'étois parti d'Eurycome, aprés avoir relâché, pour réparer les désordres de la tempête, continuoit sa route, nous lui donnâmes la chasse, nous l'atteignîmes, nous vinmes à l'abordage ; un combat de deux heures nous en rendit maîtres. Je sçai que la vengeance n'appartient qu'aux Dieux, je sçai qu'ils se la sont réservée; mais j'étois si irrité contre le Pilote, ce cruel auteur de tous mes maux, que je ne pus le voir esclave sans quelque plaisir. Ce plaisir inhumain fit bientôt place à de nouvelles douleurs. Cratisthene, blessé, mourant, s'offre à mes yeux, on visite ses playes, on les juge mortelles, ou veut le jetter à la mer. Je m'écrie que c'est un Grec illustre. L'espoir de la rançon suspendit sa mort, les Dieux & mes soins lui rendirent la vie.

Le jour suivant les Pirates tinrent conseil; une petite Ville, qui paroissoit sur la côte, fut la victime de leur fureur & de leur avarice; ils la surprirent de nuit, hom-

hommes, femmes, enfans, tout fut reduit en servitude ; on pille, on maſſacre , on brûle. Cette Ville infortunée n'eſt plus qu'un monceau de pierres que les flâmes dévorent.

Rentrez dans le vaiſſeau, ils partagent leur butin, les jeunes gens ſont mis à la rame, les filles & les femmes ſont ſéparées ; celles-ci, pour être venduës ; celles-là, pour ſervi aux plaiſirs de leurs Maîtres. Les vieillards, ou ceux que leurs bleſſures rendent inutiles, ſont égorgez ſans miſericorde, & jettez à la mer. Mes malheurs n'avoient point épuiſé mes larmes, ce ſpectacle m'en arracha, elles les offenſerent, & je portai la peine de ma pitié.

Juſqu'où n'alla point l'excez de leurs débauches ? Je fremis encore

encore au souvenir de leurs discours & de leurs actions. Je disois à Cratisthene. Les impies se
punissent eux-mêmes de leur
impieté; l'ivresse & le sommeil
livrent nos Tyrans entre nos
mains, ayons le courage de vouloir être libres, nous le sommes.
Cratisthene m'approuve, nous
en parlons à nos Camarades.
Les uns, mais en petit nombre,
brûlent de se joindre à nous; les
autres, presque tous, ames viles
& découragées, préférent l'esclavage à une entreprise facile &
glorieuse. Qui le croiroit? Il
y en eut d'assez lâches, pour
vouloir avertir ces Barbares du
complot qui se formoit contre
eux. Ils ignorerent pourtant
le danger qu'ils avoient couru.

Les vapeurs du vin dissipées,
ils songent à se deffaire de leur
prise

prise. On arbore un pavillon de paix, on entre dans le port d'Artycome, on donne & on reçoit des otages. Bientôt se forme un marché spacieux, où s'exposent des meubles de prix, des vases d'or & d'argent, & tout ce qui peut servir aux besoins, ou au luxe des hommes; on se les dispute, on se les enleve, la cupidité ne trouve rien de trop cher.

Les Esclaves étoient restez à bord. Ce peuple voluptueux fit peu de cas de nous. Cratisthene, c'étoit le plus beau des mortels, fut le seul qu'on acheta. Personne ne voulut de moi, j'étois réservé à de nouvelles avantures.

Artycome est célébre par un Temple de Diane. A l'entrée de ce Temple est placée une Figure d'or, qui représente la Déesse au naturel; sa tête est couver-

couverte d'un casque; d'une main elle tient un bouclier, une lance de l'autre; sous ses pieds coule dans un bassin de porphire une fontaine, dont les flots sont toûjours agitez. C'est là que les Pirates vinrent éprouver les jeunes filles, qu'ils vouloient vendre. Epreuve délicate ! dont toutes néanmoins sortirent à leur honneur. Protectrice de la chasteté, vous ne les déclarâtes vierges, que pour les livrer à l'ignominie !

Quelque tems après je fus témoin de cette cérémonie, en voici le détail. Celles qui osent tenter l'avanture, couronnées de laurier, revêtuës d'une robe blanche, entrent dans la fontaine; leur innocence fait leur gloire & leur salut, Diane leur sourit, & leur tend la main, elles

sortent

fortent au milieu des applaudif-
femens ; mais la Déeffe jette un
regard fevere fur les coupables ;
intimidées à la vûë de la lance
terrible, qui les menace, elles
fe plongent dans les flots, qui
fe dérobent fous leurs pas chan-
celans, leur couronne tombe,
elles font l'objet de la rifée, &
du mépris ; quelquefois même,
faute de fecours, elles y perif-
fent malheureufement.

Les otages rendus de part &
d'autre, les Corfaires fe rembar-
quent avec leurs tréfors, fiers
de leurs derniers fuccès, ils mé-
ditent de nouvelles entreprifes.
Déjà les Compagnes infâmes de
leurs plaifirs ont dévoré leurs
déteftables richeffes. Tremblez,
malheureux Grecs, qui, dans le
fein de vos familles, vivez avec
confiance. La protection de vos
Dieux

Dieux domestiques ne peut vous
deffendre, les fers ou la mort
vous attendent.

L'orage tomba sur toi, déplo-
rable ville de Silene; tes vins
précieux te rendoient fameuse,
ils causerent ta ruine; tu pouvois te sauver, en les abandon-
nant au pillage, tes Habitans
compterent trop sur leur valeur,
elle ne leur servit de rien, ils
furent tous égorgez. Bientôt
tu seras vengée.

Nous vîmes ces scelerats,
assis sur le rivage, célébrer par
dérision de criminelles Orgyes.
Bachus ne put soufrir que ces
miserables profanassent impu-
nément son culte & ses myste-
res. Il trouble leur raison; pleins
de fureur, ils oublient qu'ils
sont freres, ils courent aux armes, ils s'attaquent, & tombent

bent acharnez les uns contre les autres. Le combat des Centaures fut moins sanglant. Une troupe de Grecs, les Grecs aussi se mêlent de brigandage, vient fondre inopinément sur eux, & acheve de les exterminer.

A cette vûë, nous poussons de grands cris de joye, nous brisons nos fers, & croyant trouver des liberateurs dans les meurtriers de nos Tyrans, nous allons nous jetter entre leurs bras. Nous ne fîmes que changer d'esclavage. En vain nous reclamons les droits de nôtre naissance, & de nôtre commune Patrie, ils ne nous écoutent point, ils nous font rentrer dans le vaisseau, dont ils s'emparent, & nous conduisent à Daphnipolis.

Daphnipolis est consacrée à

Apol-

Apollon, & à Daphné. Son A-
mour pour cette Nymphe est
trop connu, pour que je m'a-
rête à en retracer l'histoire. C'est
dans l'enceinte de son Temple
que nous fûmes exposez en
vente. Je me jette à genoux,
je lui adresse cette priere.
Fils de Jupiter, tu vois mon
infortune, sois-en touché,
Déjà deux fois Esclave, je
suis menacé d'une troisiéme
servitude, ne soufre pas qu'un
Envoyé de ton Pere gémisse
dans les fers, attendris le cœur
de mes nouveaux maîtres, qu'ils
songent qu'ils sont Grecs, &
que je le suis comme eux. Dieu
puissant, aux regards duquel
rien n'échape, qu'est devenuë
Ismene? Si la Parque a tranché
ses jours, ce n'est point un Dieu,
qui a ordonné sa mort, tu peux
répa-

réparer le crime des hommes, tu peux me la rendre. Les maux, que l'Amour t'a fait soufrir, te doivent rendre sensible aux miens. L'heure d'être exaucé n'étoit point arrivée. On m'arrache de l'Autel, pour me livrer à un Citoyen, qui m'avoit acheté; il s'appelloit Dymas, & sa femme Criséis.

La curiosité est le partage de son sexe. A peine suis-je entré, qu'elle me demande qui je suis, d'où je viens, & par quel hazard je me trouve leur Esclave. Je baisse les yeux, je la prie modestement de m'épargner un récit douloureux, qui n'auroit rien d'interessant pour elle; Dymas; je ne puis l'appeller mon maître, Dymas nous écoutoit, mon refus l'offense. Il me regarde d'un air menaçant. On

vient

vient lui dire qu'on a servi, il m'ordonne de le suivre. J'obéis. Ainſi, cet Iſmenias, qui quelques mois auparavant, Miniſtre de Jupiter, & comblé de gloire, s'étoit vû le premier à la table de Soſthene, cet Iſmenias ſervi, aimé par Iſmene, confondu parmi de vils Eſclaves, ſe trouve, dans ſa propre Patrie, deſtiné aux emplois les plus humilians. Fortune ! ce ſont là de tes jeux.

A la fin du repas il fait ſortir ſes autres Eſclaves, je reſte ſeul. Je veux, me dit-il, que tu me contes tes avantures, elles m'amuſeront juſqu'à mon ſommeil, ſur-tout ſonge à ne point l'interrompre. Cet ordre impérieux me fait ſentir, plus amérement que je n'avois encore fait, toute la rigueur de mon ſort. Mes

yeux

yeux se remplissent de pleurs, mon cœur se serre, je n'ai pas même la force de me plaindre. Sçache, continua-t-il, que tu es mon Esclave, & fait pour m'obéir, parle, ou crains qu'un châtiment digne de ton insolence, ne t'apprenne ton devoir. Un maître irrité est un severe Précepteur. O Dymas, m'écriai-je, que les Dieux jugent entre nous; je suis Grec, vous n'avez de droits sur moy que ceux que vous donnent mon malheur, & votre injustice; voulez-vous, plus cruel que les barbares, qui m'ont vendu, m'ôter une vie qu'ils m'avoient laissée malgré moi? Frappez, né libre, je crains moins la mort que l'esclavage. Ma fermeté plut à Criséis, elle intercéda pour moi: Dymas s'endormit, & j'en fus

F

quitte

quitte pour des menaces.

Criséis n'étoit plus jeune, il étoit aisé de voir en la regardant qu'elle avoit été belle ; elle croyoit même l'être encore, mais sans vouloir qu'on le crût: elle étoit douce, compatissante; j'en reçus des marques de bonté qui me pénetrerent de reconnoissance, & si je ne lui appris point tout ce qui me regardoit, je lui en dis assez pour qu'elle me sçût gré de ma confiance.

Dymas, qui ne m'aimoit point, me chargeoit des travaux les plus pénibles ; sans cesse occupé, je n'osois m'échaper un instant, pour réver à mes infortunes. Couvert de mauvais habits, couché sur la terre, réduit à la nourriture la plus grossiere & la plus dégoutante, je devois succomber ? les Dieux en ordonnerent

nerent autrement : j'éprouvai même, que, si du sein des plaisirs naissent les amertumes ; du sein des amertumes naissent les consolations.

Il y avoit cent jours que j'étois dans cet état. La Fête de Jupiter approchoit. Quel souvenir pour moi ! On ne la célébre point à Daphnipolis, mais on y célébre celle de Daphné. Les cérémonies en font presque les mêmes, toute la difference consiste dans le choix des Envoyez; ceux de Daphnipolis peuvent être mariez, ceux d'Eurycome ne doivent point l'être. Dymas fut nommé pour Artycome. Pendant qu'on prépare toutes choses pour son voyage, Criséis, je ne sçai quelles étoient ses vûës, lui dit, en me regardant, Cet Esclave paroît

F 2

avoir

avoir de l'esprit, il est sage, il
parle peu ; mais il est si triste,
que je vous conseille de le laisser icy. Un Esclave mélanco-
lique est toûjours d'un mauvais augure pour son Maître ;
c'est du moins un objet désa-
gréable que vous auriez devant
les yeux. Cependant, comme
il se vante d'avoir été autrefois Envoyé de Jupiter, il pourroit vous être utile, consultez-
vous. Dymas lui répondit : C'est
l'ordinaire des Esclaves d'être
vains & menteurs, celui-ci
cherche sans doute à se faire va-
loir. Est-il vrai, continua-t-il, en
se tournant de mon côté, que
tu te sois vû honnoré du ministere dont je suis revêtu ? Prens
garde d'ajouter le mensonge à
tes autres deffauts. O Dymas,
lui dis-je, me préservent les
Dieux

Dieux de vous en impofer. La Fortune a pû me rendre mal-heureux, mais elle ne pourra jamais chaffer la vérité de mon cœur. Ne jugez point des hommes fur les apparences, la vertu ne dédaigne point les habits d'un Efclave. Oüy, pourfuivis je, j'ai été l'Envoyé de Jupiter, & j'ai reçû tous les honneurs que vous allez recevoir ; ils ont été la fource de ma mifere, puiffent-ils être la fource de votre féli-cité.

Ces paroles l'adoucirent. Il me fit d'autres queftions, il pa-rut fatisfait de mes réponfes, je lui devins cher , parce que je lui devins néceffaire.

Criféis vouloit venir avec nous, Dymas s'y oppofa, nous partîmes fans elle, & je ne la revis plus. Arrivez à Artycome

F 3   on

ou eut le même empreſſement à le recevoir. Soſtrate eut la préférence, Soſtrate le citoyen le plus riche & le plus illuſtre de ſa Ville. Il épuiſa toute ſa magnificence pour ſon nouvel Hôte. Ainſi m'avoit reçû, ainſi m'avoit traité Soſthene. O Dymas ! il ne manquoit à votre gloire que d'être ſervi par Iſmene ! Que dis-je ? Iſmene vous ſervit, elle vous ſervit comme Eſclave, mais vous l'ignorâtes alors.

Rhodope, fille de Soſtrate, avoit mille charmes, & depuis que les Dieux avoient enlevé Iſmene à la terre, elle en faiſoit le plus bel ornement. Quelque éclatante que fût ſa beauté, les qualitez de ſon ame la faiſoient oublier. Je la regardois, je l'écoutois avec admiration, mais
mon

mon cœur ne partageoit point
la surprise de mes sens. C'étoit
Venus, mais ce n'étoit point Ifmene; Amour, tu sçais qu'elle
n'est jamais sortie un moment
de ma pensée, & que je n'ai jamais cessé de la pleurer.

Les plaisirs qu'on procuroit
à Dymas me donnoient quelque
relâche, j'employois ce repos
exterieur à m'abandonner en
noir chagrin, qui me dévoroit.
Un jour, croyant être seul dans
le jardin de Sostrate, je don-
nois un libre cours à ma douleur. Je disois: Dieux! n'ê-
tes-vous point encore satis-
faits? Votre vengeance est-elle
éternelle comme vous? Malheureux que je suis! ma sensibilité s'augmente à mesure
que s'augmentent mes peines,
Que j'envie le sort de ceux qui

 souf-

souffrent sans esperer de fin à leurs maux! L'esperance trompeuse qui me séduit, est plus cruelle mille fois que le plus affreux désespoir.

Rhodope se promenoit aux environs, elle entendit mes plaintes, elle en fut touchée, elle m'appella. J'avois conservé cet air d'ingénuité que donne la naissance, & que la fortune ne peut effacer. Je l'aborde, & lui demande en soupirant ce qu'elle veut du service d'un malheureux, que le destin a mis hors d'état de lui en rendre. Atracés, me dit-elle, c'étoit mon nom d'Esclave, il n'est pas difficile de juger en vous voyant que vous êtes dans une situation indigne de vous; &, si je ne me trompe, l'esclavage n'est pas le plus grand de vos maux,

puis-

puis je les adoucir ? Je vous offre
tous les secours qui dépendent
de moi. Généreuse Rhodope,
lui répondis-je, c'est le propre
des cœurs bienfaits de s'atten-
drir sur le sort des miserables ,
votre pitié ne tombe sur moi ,
que parce que je suis du nombre.
J'en connois tout le prix , mais
je n'en suis pas digne , mais je ne
puis en profiter. Les Dieux , dont
vous êtes l'image, les Dieux ,
s'ils peuvent encore faire quelque chose pour vous , recom-
penseront vos bontez , je n'ose
les en prier , je craindrois que
mes vœux ne vous devinssent
funestes. Je n'avois plus la force
de retenir mes larmes , je voulus
me retirer, je me reprochois un
entretien dans lequel Ismene
n'avoit point de part. Rhodope
me retint. Si j'avois , reprit-elle ,

F 5   la

la puissance de ces Dieux, dont
vous dites que je suis l'image,
vous seriez libre, ou du moins
heureux; elle rougit, & baissa
les yeux. Helas! lui dis-je, l'un
m'est indifferent, l'autre est im-
possible. Vous avez donc, ajou-
ta t-elle, bien mauvaise opinion de mon pouvoir? Non,
lui répondis-je; mais, fussiez-
vous un Dieu, que pourriez-
vous seule contre tous les autres?
Atracés, poursuivit-elle, vous
croyez vos maux sans remede,
c'est l'erreur de tous les malheureux, apprenez-moi vos infortunes, je ne sçai si l'interêt que
j'y prens me fait illusion, mais
je pourrois presque vous répondre qu'elles finiront plûtôt que
vous ne pensez, & que je con-
tribuerai à les faire finir. O Rhodope, m'écriai-je, entraîné par
un

un attrait invincible, je ne puis
vous rien refuser, il m'en cou-
tera des pleurs, peut-être la vie,
mais vous serez satisfaite.

Rhodope donnoit une attention merveilleuse au triste récit
de mes avantures. Quelle que fût
sa beauté, il me sembla qu'elle
étoit jalouse de celle d'Ismene ;
elle se troubla à la vûë de son
portrait, je l'avois encore, elle
le regarde, l'examine, & me
dit froidement : Cette personne
est trop belle, on l'a flatée. Non,
repris-je, on ne l'a point flatée ;
mais elle n'est plus. A ces mots,
un nuage épais se répand sur mes
yeux, je perds connoissance,
Rhodope appelle du secours,
on m'emporte sur le lit de Dymas. Atracés, me disoit-elle,
aurois-je causé votre mort ? Elle
m'essuyoit le visage, elle met-
F 6
toit

toit ſes mains ſur mon cœur,
pour le ranimer, ſes larmes
couloient malgré elle. Je re-
viens; mais ne pouvant ſoutenir la lumiere, je retombe dans
une ſeconde foibleſſe : une main
plus puiſſante que celle de Rhodope m'en retire encore, j'entends une voix qui me frappe,
je croi la reconnoître, je porte
mes regards mal aſſurez de côté
& d'autre, je les arrête ſur une
jeune Eſclave, nommée Scylla,
qui s'empreſſe à ſecourir Rhodope évanoüie, je lui trouve tous
les traits d'Iſmene, c'eſt-elle,
je n'en puis douter. Idée flateuſe, vous ne durâtes qu'un moment ! Bientôt j'accuſe mes
yeux d'impoſture ; & ce plaiſir,
qui vient de me charmer, ne me
paroît plus qu'une illuſion où
m'égare encore la cruauté des
Dieux. Les

Les Esclaves de Rhodope. l'avoient emmenée. Dymas arriva, j'étois pâle, abbatu ; mais cet homme, dont la fierté naturelle étoit augmentée par les honneurs qu'on lui rendoit, ne s'abaissa point à jetter les yeux fur un Esclave, il ne s'apperçut de rien.

Dès qu'il me fut permis de rentrer dans le jardin, j'allay rêver en liberté à ce qui venoit de m'arriver. Je n'ofois, ou je ne voulois pas approfondir les fentimens de Rhodope, ce qui n'est point l'objet de nos defirs, ne nous donne ni crainte ni efperance ; j'étois fi malheureux que je ne pouvois ni ceffer de l'être, ni l'être plus que je l'étois.

L'Esclave que j'avois vûë me revenoit fans ceffe dans l'ima-

gina-

gination; je me voulois du mal d'y songer, & je ne songeois qu'à elle. Je me demandois ce que Scylla avoit de commun avec Ismene, & par quel caprice un bonheur chimérique me dédomageoit d'un malheur réel; je me le demandois inutilement. Je ne consultois point ma raison, je craignois qu'elle ne dissipât une erreur, qui m'étoit trop chere, pour y renoncer; il m'étoit plus doux de consulter mon cœur, cependant je n'étois pas satisfait de ses mouvemens, il y avoit du trouble & de l'incertitude; je ne sçavois plus à quoi me fixer: mais enfin ma raison reprit tous ses droits, & j'eus honte de ma folle crédulité. Non, disois-je. Ismene ne vit plus; trop occupé de son idée, je me suis laissé

sur-

furprendre par une foible ref-
femblance, les Dieux ne l'auroient pas retirée des goufres
de la mer, pour la livrer à l'ef-
clavage, ils l'auroient tranfpor-
tée à Aulycome, ils l'auroient
renduë aux larmes de Panthia.
Ifmene eft morte, continuois-je,
le Ciel eft trop avare de mira-
cles, pour en faire un fi grand en
ma faveur, ne fongeons qu'à
pleurer fa mort.

Rhodope ne me laiffa pas
ignorer long tems que j'avois
fçû lui plaire. Devois-je m'at-
tendre à ce nouveau caprice de
l'Amour? Dieu cruel! quelle
funefte flâme allumes-tu dans
fon fein? Ne te plais-tu qu'à
faire des malheureux? Rhodope
vous aimez un Efclave! Vous
aimez un ingrat! Ah! vous
étiez digne d'un meilleur fort.

Char-

Charmée que ma naissance répondît à un mérite que je ne devois qu'à sa prévention, elle se persuade qu'Ismene morte ne tiendra point contre sa beauté, contre le don de son cœur & de sa main ; elle ne voit plus d'obstacle à sa passion, elle me cherche, elle veut me l'apprendre. Je l'évitois, non que je la soupçonnasse de tant de foiblesse ; mais elle étoit aimable, & la plus legere diversion à ma douleur me paroissoit un crime.

Elle ne put résister à sa tendre impatience, elle m'écrivit. Scylla fut chargée de m'apporter sa lettre. Ismenias, me dit-elle, en me la remettant, Rhodope ma Maîtresse vous saluë. Quel son de voix ! Quelle vûë ! O Ciel, m'écriai-je, les Morts reviennent

reviennent-ils à la vie? Eſt - ce vous, chere Iſmene? Eh! quelle autre me connoîtroît? Eh! quelle autre feroit ſur mon cœur l'impreſſion que vous y faites? Quel Dieu vous rend à mon amour! Rhodope ne lui donne pas le tems de me répondre, elle nous apperçoit, elle n'a pas la force de ſe refuſer au plaiſir de me voir, & de me parler, elle ſe dit avec complaiſance que j'ai lû ſa lettre, que je ſçai qu'elle m'aime, que je partage ſes tranſports, elle vient à nous.

Sa préſence nous trouble, nous paſſons rapidement de la joye à la ſurpriſe, elle remarque notre émotion, elle nous regarde, elle eſt interdite, la colere éclate dans ſes yeux, nous tremblons. Iſmene par une pré-

fence

fence d'efprit admirable nous tira d'embaras dans une conjonĉture fi délicate. Notre défordre vous étonne, lui dit elle, vous nous plaindrez, quand vous en fçaurez la caufe. Ifmenias eft mon frere, féparez l'un de l'autre par la cruauté du fort, nous n'efperions plus d'être réunis : mais helas ! pardonnez à nos larmes, le plaifir de nous revoir cede à la douleur de nous trouver Efclaves.

Rhodope fe calme, fes foupçons fe diffipent, elle me félicite d'avoir une fœur fi charmante, & ne doutant point que l'efpoir de la liberté ne l'engage à la fervir auprès de moi, elle la comble de careffes. Ifmene diffimule, & promet tout. Leur entretien fut long, je ne l'entendis point, elles s'étoient éloignées

gnées de quelques pas. Je les regardois. Qu'elles étoient belles toutes deux ! Ismene ne s'en offensera pas, tout autre que moi n'auroit pû mettre de différence entre elles.

Qu'une Amante se laisse aisément tromper par les apparences ! Rhodope se croit sur le point d'être heureuse, la joye augmente ses charmes, elle cherche dans mes yeux quelques regards passionnez, qui l'assurent de sa conquête, elle n'en trouve point, elle veut s'en plaindre, un reste de pudeur la retient, elle part & nous laisse seuls.

Belle Ismene, dis-je alors, satisfaites ma curiosité, apprenez-moi par quel heureux événement vous avez échapé à la fureur de la mer, & par quelle injustice

iujustice du fort vous êtes Esclave dans la maison de Sostrate.
Non, me repondit-elle, le récit
de mes avantures occuperoit des
momens que nous ne devons
employer qu'à goûter la douceur
d'être ensemble, de nous aimer,
& de pouvoir nous le dire ; nous
songerons après aux moyens de
nous tirer de l'état où nous sommes ; commencez par feindre
d'aimer Rhodope, flatez un
amour qui peut nous être utile,
ne l'aimez point, mais faites lui
croire que vous l'aimez. Les
Dieux auront soin du reste. En
vérité, lui dis-je, en riant, vous
vous acquittez à merveille de
votre charge. Vous pouvez, me
répondit-elle, du même ton,
faire pour Sostrate ce que je fais
pour Rhodope. Quoi repris-je,
Sostrate vous aime ! Que je

crains

crains les suites de cette passion !
Un Maître a de terribles droits
sur une Esclave, vous êtes la
sienne, je tremble. Ismenias,
poursuivit-elle, plus sérieuse-
ment, ne nous laissons point in-
fecter par le noir poison de jalousie, je ne crains point Rhodope, vous ne devez point craindre
Sostrate. On pouvoit nous surprendre, nous nous séparâmes.

Les biens font enchainez les
uns aux autres. Le même jour
je trouvai Cratisthene qui venoit de payer sa rançon. Notre
joye fut égale à notre surprise,
l'amour ne déroba rien aux transports de l'amitié. Nous nous
rendîmes compte de nos malheurs communs ; il me demanda si j'avois écrit à Themisthée.
Non, lui dis-je, j'avois perdu
Ismeme, je ne songeois qu'à
mourir

mourir, ce n'eſt que d'aujour-
d'hui que je l'ai retrouvée. Il fut
étonné de m'entendre parler de
la ſorte, il crut que la perte d'Iſmene m'avoit troublé la raiſon,
il voulut me plaindre, & me
conſoler. Je le tirai d'erreur,
Non mon cher Cratiſthene,
non, lui dis-je, Iſmene n'eſt
point morte; mais Iſmene eſt
Eſclave, ſi je ne craignois de
vous retarder, je vous ménage-
rois à tous deux le plaſir de vous
revoir, allez apprendre à nos parens que nous vivons, & que
nous ſommes dans les fers. Il me
promit de travailler à faire notre
paix, & d'engager Thémiſthée
& Soſthene à venir nous délivrer. Nous nous quittâmes,
après nous être fait les proteſtations les plus tendres & les
plus ſinceres, après nous être
donné

donné toutes les marques de
tendreſſe que peuvent ſe donner deux cœurs unis par la ſim-
patie, & par la vertu.

Je ne pouvois plus vivre ſans
Iſmene, je la cherchois par tout,
je n'échapois aucune occaſion
de lui parler; la confiance de
Rodophe, les différentes occu-
pations de Soſtrate, obligé de
ſortir avec Dymas, tout nous
facilitoit les moyens de nous
voir. Cependant Iſmene me di-
ſoit que nous devons nous con-
duire avec plus de prudence, je
ſentois qu'elle avoit raiſon, l'a-
mour m'emportoit, elle-même
ne s'appercevoit pas que ſes ré-
flexions ne l'empêchoient point
de reſter avec moi.

La tranquilité du cœur donne
de la vivacité à l'eſprit, nous
avions de ces entretiens délicieux,

cieux , dont les amans seuls connoissent le prix. Je lui avois dit ce qui s'étoit passé entre Cratisthene & moi. L'espérance d'une liberté prochaine nous faisoit oublier notre esclavage , nous nous croïions déjà libres, les Dieux appaisez nous faisoient sentir d'avance, & dans toute sa pureté , la douceur des biens qu'ils nous préparoient.

Quelquefois nous parlions de Rhodope , Ismene me redisoit en badinant les choses flateuses qu'elle lui avoit dites de ma part, nous nous faisions des reproches de notre tromperie, & nous en imaginions de nouvelles ; si je lui vôlois un baiser, & je lui en vôlois souvent, elle me demandoit si je voulois qu'elle le portât à Rhodope, Oûi, lui disois-je , en la serrant

dans

dans mes bras, & si elle veut quelque chose de plus, je ne puis rien refuser à son Ambassa- drice. Non, me répondoit-elle en s'échapant, mes instructions ne vont pas jusques-là.

Je n'avois point lû sa lettre, je ne l'avois pas même ouverte. Ismene voulut la voir, je la lui donnai; nous la trouvâmes plei- ne d'esprit & de sentiment. Il y avoit de la passion; mais elle étoit exprimée avec dignité : les plus scrupuleux observateurs des bienséances l'eussent admi- rée, en la blâmant. Je disois à Is- mene, Rhodope pouvoit choisir parmi les plus illustres des Grecs, & faire le bonheur de celui sur qui son choix seroit tombé, je suis peut-être le seul qui ne peut l'aimer, & je suis le seul qu'elle aime. O Rhodope! que je vous plains !   G   Elle

Elle nous écoutoit. Qelle fut sa douleur! Quelle fut son indignation! Perfides, nous dit-elle, les Dieux vous rendent justice, vous n'étiez dignes que d'être Esclaves, craignez ma juste colere; mais pour remplir ma vengeance, il ne faut que vous abandonner à votre sort Ingrats! je vas appesantir vos fers, & vous séparer. Non, vous ne joüirez point ensemble du cruel plaisir d'insulter à ma foiblesse, je n'écoute plus que ma haine, & je veux, s'il est possible, vous rendre aussi malheureux que vous m'avez rendu méprisable.

Généreuse Rhodope! lui dis-je, en embrassant ses genoux, nous ne cherchons point à nous excuser, nous sommes coupables, l'amour a fait notre crime, il peut seul nous en obtenir le

par-

pardon, vous pouvez nous perdre, ou nous sauver ; moins nous
méritons de grace, plus il vous
sera glorieux de nous en faire.
Les Dieux nous ont réünis, ache-
vez leur ouvrage, rendez-nous
heureux.

Rhodope gardoit le silence,
elle voyoit couler nos larmes
sans s'émouvoir, nous attendions en tremblant l'arrêt de
notre vie, ou de notre mort;
elle nous quitta sans le pronon-
cer.

Cratisthene ne revenoit point,
nous n'avions plus d'un jour à
rester à Artycome, si Rhodope
avoit dit un mot à Sostrate,
nous étions perdus ; elle en usa
bien différemment, nous n'eûmes point dans la suite de protectrice plus zélée. O Rhodope!
puissai-je n'être plus aimé par
G 2 Ismene,

Ismene, si jamais je perds le souvenir de vos bontez.

Nous touchions au terme de notre délivrance, elle arriva dans le moment, où nous croyons en être le plus éloignez. Déjà s'achevoit le Sacrifice solemnel, qui devoit terminer le ministere & les honneurs de Dymas : il alloit partir, il m'emmenoit, je perdois Ismene. Sur la fin de la cérémonie, on entend les cris de deux meres affligées qui redemandent leurs enfans, c'étoient Dianthée & Panthia. Leur douleur toucha ceux qui les entendirent. On s'émut, on murmure. Alors Sosthene & Themisthée s'avancent vers l'Autel. Peuple assemblé, dit mon pere, en élevant la voix, Sostrate & Dymas osent retenir Esclaves deux Citoyens, ne souf-
frez

frez pas qu'on viole ainſi les pré-
rogatives de la Nation ; & vous,
Miniſtre d'Apollon, ordonnez
qu'ils nous ſoient rendus.

Soſtrate & Dymas reclament
le droit de la guerre, qui les a
fait nos maîtres. Ils reſuſent de
nous rendre. Aſſiſtez de leurs
amis, qui ſe rangent autour
d'eux, ils ſe mettent en état de
nous arracher du Sanctuaire, où
nous nous étions réfugiez. Le
peuple s'oppoſe à Dymas, Rhodope elle même s'oppoſe à ſon
pere, Dianthée & Panthia ſe-
condent ſes efforts, le Temple
retentit de voix confuſes, la
Diſcorde échauffe les eſprits,
l'injuſtice étoit prête à triom-
pher. Le Sacrificateur ne peut
appaiſer le déſordre, il fait ſigne
de la main qu'il veut parler, on
l'écoute à peine ; enfin le reſ-

G 3

pect

pect l'emporte, on fait silence.
Telles font nos Loix, dit-il, un
Grec ne peut être Esclave dans
sa patrie; si cependant Dymas
& Sostrate ne s'en tiennent pas
à ma décision, Grand Apollon,
apprens leur ta volonté suprême.
Alors il se place sur le redoutable
Trépied, sa raison se trouble, ses
yeux s'égarent, son corps s'agite,
il tombe par terre, & plein de la
fureur divine, qui l'inspire, il
prononce cet Oracle, ou plûtôt
cet Arrêt: Qu'Ismene & Ismenias soient affranchis, qu'on les
remette à Sosthene & à Themisthée. Notre sort n'est plus
douteux, nous sommes libres.
Dymas sort en fureur du Temple, & retourne à Artycomé.
Au nom de Sosthene, Sostrate
se resouvient que leurs peres ont
été unis par les nœuds sacrez de
l'hos-

l'hospitalité, il se plaint obligemment à nous du mistere que nous lui avons fait de notre naissance, on se reconnoît, on s'embrasse, on se félicite, la paix se rétablit, le peuple s'écoule, le Sacrificateur nous emmene tous chez lui.

Après les premiers transports de joye, on parla de nos avantures. Le Sacrificateur me pria de les apprendre à ceux qui étoient à table avec nous. Je ne me fis point presser, & reprenant les choses depuis ma premiere sortie d'Eurycome jusqu'à ce jour, je satisfis pleinement leur curiosité.

Ismene seule pouvoit supléer à ce qui manquoit à mon récit : notre silence lui faisoit assez voir que nous attendions qu'elle parlât ; elle sentoit qu'elle ne pou-

G 4

voit

voit s'en difpenfer ; mais la crainte la retenoit. Softhene remarqua fa répugnance, les peres ne
perdent jamais leurs droits ; il
lui dit vivement : Il falloit rou-
gir de ce que vous avez fait,
pour vous empêcher de le faire,
& non pas avoir honte d'en parler. Obéiffez. Ce difcours aug-
menta fa timidité ; mais malgré
fon trouble, elle commença de
la forte.

Quand on m'eût jettée dans
la mer, les horreurs de la mort
m'ôterent l'ufage de mes fens ;
je fus long-tems le joüet des va-
gues, fans m'en appercevoir.
Lorfque je revins à moi, je me
trouvai affife fur un Dauphin,
qui me foulevoit au deffus des
flots, j'étois fi éperduë que je le
laiffois errer çà & là. Loin de
fonger que c'étoit peut-être le

même

même qui avoit autrefois fauvé Arion, je le prenois pour un Monftre qui m'alloit dévorer, & cependant je l'embraffois étroitement. Un enfant ailé vint fe mettre auprès de moi, il conduifit à terre mon libérateur; je le reconnus, c'étoit l'Amour. Cruel auteur de mes peines, lui difois-je, voulez-vous m'expofer à de nouvelles infortunes ? N'ai-je point affez fouffert ? Que ne me laiffez vous mourir ! Ifmene, me répondit-il, vos maux font l'ouvrage du Deftin, je ne regne que fur les cœurs, je ne puis rien contre les évenemens, vous reverrez Ifmenias. Il s'envôle, & me laiffe fur une rive déferte

J'y reftai quelques jours; je n'attendois que la mort, lorfqu'un vaiffeau fe préfente à ma vûë,

vûë, je leve les mains au Ciel,
on m'apperçoit, on vient à mon
secours : je trouve des malheureux à peine échapez à la tempête que j'avois essuyée. Quel
spectacle ! n'attendez pas que je
vous en retrace l'image. L'excès de leur misere ne les empêcha point d'être sensibles à la
mienne, non contens de réparer le desordre de mes habits,
ils partagerent avec moi quelques restes de vivres que la mer
avoit épargnez.

Ils n'eurent pas le tems de
respirer, des Corsaires, ou plûtôt des bêtes feroces, les attaquent. Quelle résistance pou-
voient ils faire ? Leur mort sui-
vit de près l'esclavage. Ces
épouvantables Ethiopiens, dont
l'idée me fait encore frémir,
ne réserverent que moi seule.

Ils

Ils me conduifirent à Artycome, Softrate me vit couronner
de laurier, en fortant de la fontaine de Diane, il m'acheta pour
fa fille, j'ai trouvé dans fa mai-
fon la fin de mes difgraces ;
charmante Rhodope, je n'ou-
blierai jamais que vous avez
été ma Maîtreffe, vos bontez
vous ont acquis fur moi des
droits éternels, vous m'avez
rendu la liberté, mais vous
n'avez point affranchi mon
cœur.

Ifmene n'en dit pas davan-
tage. Softrate admira fa difcre-
tion; Et vous auffi, lui dit-il,
vous êtes ma fille. O mon pere !
s'écria Rhodope, en embraffant
Ifmene, vous me donnez une
dangereufe fœur, mais je l'aime
affez pour ne lui point envier
votre tendreffe. Sage Softrate,
lui

lui dit Softhene, que n'ai-je auffi
un fils à vous offrir! Ce bonheur regarde l'heureux Themifthée, Callifthene frere d'Ifmenias eft feul digne de Rhodope. J'attends de votre amitié,
reprit Softrate, que vous enga-
gerez l'illuftre Themifthée à
m'honnorer de fon alliance;
La vôtre, lui dit mon pere, eft
fi glorieufe, que je n'aurois ofé
y prétendre. Pendant qu'ils fe
donnent des marques mutuelles
d'union & de tendreffe, & que
Panthia & Dianthée verfent des
larmes de joye, Rhodope me
dit, fant être entenduë que de
moi; Du moins, Ifmenias, du
moins vous ferez mon frere. Je
n'eus pas le tems de lui répondre, nous remerciâmes le Sacrificateur, comme le méritoit le
fervice important qu'il venoit
de

de nous rendre, & nous partîmes.

Ismene voulut passer par Artycome, & tenter encore l'a-
vanture de la fontaine de Diane; je m'opposois à une épreuve
inutile, qui retardoit mon bonheur; elle me sçut gré de ma
confiance, mais elle fut bien
aise d'avoir de nouveaux té-
moins de sa vertu.

Nous arrivâmes à Aulycome,
j'y trouvai mon cher Cratisthene, qu'une fièvre violente avoit
empêché de venir à Daphnipolis. On envoya chercher Cal-
listhene, qui ne s'attendoit pas
que ce fût pour le rendre pos-
sesseur d'une des plus belles personnes du monde. Son mariage
& le mien s'accomplirent le
même jour, ce fut dans les jardins de Sosthene. La Grece
n'avoit

n'avoit point en core vû de fpectacle fi pompeux ; mais que cette
brillante journée me parut lon-
gue ! Que les fêtes impatientent
un Amant, qui n'attend que leur
fin pour être heureux ! La nuit
ne viendra-t-elle point, difois-
je à Ifmene ? Ne ferons-nous
jamais feuls ? Nuit délicieufe !
Déjà vous êtes paffée. Dieux!
fi toutes celles qui la doivent
fuivre lui reffemblent, je n'envie point votre fort !

CATA-

CATALOGUE

Des Livres Nouveaux & autres, qui se trouvent à Amsterdam

chez FRANÇOIS L'HONORÉ.

Lettres Philosophiques sur la Formation des Sels & des Crystaux, & sur la Génération & le Mechanisme organisme des Plantes & des Animaux. Avec un Mémoire sur la Théorie de la Terre, par Mr. Bourguet, 12. fig.

Lettres écrites de la Cour vers la fin du Regne de Louis XIV. ou les Amusemens de l'Amitié rendus utiles & intéressans, 12. sous presse.

Les Amours d'Ismene & d'Ismenias, 12. avec figures.

Traité des differentes sortes de Saignées, & particuliérement de celle au pied, par Silva, 2 vol. in 12. sous presse.

l'Eloge de la Folie, par Erasme, avec les belles figures de Holbein, 8. N. Ed. 1728.

Les Césars de l'Empereur Julien; traduit par Mr. Spanheim, avec Médailles & autres Ornemens, gravées par Picart le Romain, 4.

Histoire de la Vie & des Ouvrages de feu Mr. l'Archevêque Duc de Cambrai, 12.

Pensées libres sur la Religion, & sur la Nation Angloise, 2 vol. 8.

Histoire du D. . . . . . Traduit de l'Anglois, 12. 2 vol.

Dictionnaire Historique & Critique, par Mr. Bayle, Nouv. Ed. fol. 4 vol. sous presse.

Histoire de Polybe, par Mr. le Chevalier F. Colard, 4. avec fig. & Cartes.

Diction-

CATALOGUE.

Dictionnaire de Richelet, fol. 3 vol.

Traité de la Foi & des devoirs des Chrtéiens, par Burnet, in 12.

Les Avantures de l'Infortuné Florentin, 12. 2 vol. fig.

Cérémonies & Coûtumes de tous les Peuples du Monde, fol. Tome 4. fig.

———— idem complet, fol. 4 vol. fig.

Nouveau Voyage Historique de l'Italie, 12. 2 vol.

La Conversion de l'Angleterre au Christianisme, par le R. P. Niceron, 8. Paris.

Traité des Accouchemens, par la Motte, 4. N. Ed.

Oeuvres de Rousseau, 12. 3 vol. fig. N. Ed. 1729.

Journées Amusantes, 12. 4 volumes avec figures, par Madame de Gomez.

Histoire de la Comtesse de Gondez, 12.

Bernard Traité de l'Excellence de la Religion Chrétienne, 8. 2 vol. Nouvelle Edition, sous presse.

La République heureuse ou l'Utopie de Thomas Morus, Chancelier d'Angleterre. Idée ingenieuse pour remedier aux malheurs des hommes, & leur procurer la felicité, 12. avec figures, sous presse.

Traité de la Police, fol. 4 vol. sous presse.

Relation Historique & Apologetique des sentimens & de la conduite du P. le Courayer. Avec les Preuves justificatives des faits avancez dans cet Ouvrage, 2 vol. 12. sous presse.

Suiceri Thesaurus Ecclesiasticus, fol. 2 vol.

Eutropius C N Variorum & Animadv. Haverkampi, 8. 1729. Lugd. Bat.